Kornelia Völling
Ich danke Gott für Lydia

Kornelia Völling

Ich danke Gott
für Lydia

Leben mit einem behinderten Kind

Schriftenmissions-Verlag Neukirchen-Vluyn

ABCteam

Bücher, die dieses Zeichen tragen, wollen die Botschaft von Jesus Christus in unserer Zeit glaubhaft bezeugen.

ABCteam-Bücher erscheinen in folgenden Verlagen:
Aussaat- und Schriftenmissions-Verlag Neukirchen-Vluyn
R. Brockhaus Verlag Wuppertal
Brunnen Verlag Gießen / Bundes-Verlag Witten
Christliches Verlagshaus Stuttgart / Oncken Verlag Wuppertal

© 1984 Aussaat- und Schriftenmissions-
Verlag GmbH, Neukirchen-Vluyn
Titel: Gerd Meussen, Essen
Fotos: Alfred Salomon, Bad Godesberg (1983)
Druck: Bundes-Verlag, Witten
ISBN: 3-7958-2333-1

ZU DIESEM BUCH

Dieses Buch ist ein Bericht über die ersten zwei Lebensjahre unseres zweiten Kindes.
Lydias Behinderung – sie ist querschnittgelähmt und leidet an einem Hydrozephalus[1] – hat uns völlig unerwartet getroffen. Wir haben gelernt, ein Ja zu diesem Kind und zu unserem Leben mit ihm zu finden, aber das konnten wir nicht aus eigener Kraft. So ist dieses Buch ein Zeugnis vom Handeln Gottes an und mit uns geworden, ein Dokument unseres Weges aus der Verzweiflung, ein Hinweis auf die ungeahnte Kraft, die für uns alle bereitliegt.
Es ist geschrieben für andere betroffene Eltern, um ihnen Mut zu machen für die Gegenwart und die Zukunft mit einem behinderten Kind; für Ärzte und Therapeuten als Anstoß, die medizinischen Aspekte einmal von der Seite des Patienten aus zu betrachten; für Unbeteiligte, um Verständnis zu wecken für das Leben mit einer Behinderung.
Doch der Hauptgrund, aus dem ich dieses Buch geschrieben habe, ist, daß auch Menschen, die unsere Familie nicht persönlich kennen, teilhaben sollen an dem Wunder, wie sich Gottes Liebe in Lydias Leben zeigt – bis zu dem Erkennen, daß ein behindertes Kind, wie jedes andere Kind auch, ein Geschenk Gottes ist – von Gott geliebt wie jeder einzelne Mensch.

---

[1] Wasserkopf

> *„Und ihr werdet erfahren, daß ich der Herr bin,
> wenn ich so an euch handle um meines Namens willen!"*
> *Hesekiel 20,44*

Bald wird die Morgendämmerung einsetzen, doch jetzt ist es noch ganz dunkel – ich liege in meinem Bett in der großen Klinik und schaue durch das Fenster auf die nächtlichen Lichter der Stadt, in der ich aufgewachsen bin. Gestern abend bin ich von einem kleinen Mädchen entbunden worden – unserem zweiten Kind: Lydia soll es heißen!
Aber vorhin wurde sie mir nicht zum Stillen gebracht – „Ihr Kind liegt auf der Intensivstation, es hat etwas am Rücken, nachher wird ein Arzt kommen und mit Ihnen sprechen." Das war alles. Als ich wieder denken konnte, formte sich aus dem Schock und der Angst ein alles beherrschender Gedanke: ‚Ich muß zu meinem Kind!' Die Nachtschwester hielt mich nicht auf, als ich die Station verließ – was weiß sie? Warum sagt mir niemand Genaueres?
Vor der Kinderintensivstation war es dasselbe: „Der leitende Arzt hat ausdrücklich gesagt, daß wir Sie nicht zu Ihrem Kind lassen dürfen, er wird nachher selbst mit Ihnen sprechen."
Oh, was soll diese Heimlichtuerei! Es ist doch *mein* Kind! Ich bin selber Kinderkrankenschwester, was übrigens der hiesige Kinderarzt und einige Schwestern wissen. Die Bilder auf der Intensivstation sind mir also nicht fremd.
Warum läßt mich niemand zu meinem Kind?! Ich möchte einfach nur bei ihm sein, es streicheln, leise mit ihm reden, es spüren lassen, daß es nicht alleine ist.

Nun liege ich in dem Zimmer, das ich mit zwei jungen Italienerinnen teile; meine Bettnachbarinnen schlafen noch. Es ist kurz nach 5 Uhr. Alles in mir verkrampft sich, ich zwinge mich, gleichmäßig durchzuatmen, und versuche, ruhiger zu werden und meine Gedanken zu ordnen.
Da fällt mein Blick auf die Bibel neben meinem Bett, in der ich schon so oft Trost, Rat und Wegweisung gefunden habe. „Oh Gott! Warum?" Noch wage ich kaum, das ‚Warum' zu beten – es hat ja noch niemand etwas Konkretes gesagt – vielleicht ist ja doch alles harmlos... Aber glaube ich mir selber diesen Einwand?
Ich schlage meine Bibel auf – wahllos – eine Stelle fällt mir ins Auge, ich habe sie wohl vor Jahren rot unterstrichen, jedenfalls er-

scheint sie mir jetzt ganz unbekannt: „und werdet erfahren, daß ich der Herr bin..." Hesekiel 20,42, und 2 Verse weiter: „und ihr werdet erfahren, daß ich der Herr bin, wenn ich so an euch handle *um meines Namens willen!*"
Plötzlich bin ich ganz ruhig. Um meines Namens willen. „Gut, Gott, was es auch ist, — um Deines Namens willen — und wir werden erfahren, daß Du der Herr bist — unser Herr, der Herr unseres Kindes." Fast wundere ich mich über die Ruhe, die in diesem Augenblick in mir ist. Noch wage ich nicht, mich der Ahnung zu stellen, die mir fast den Atem nehmen will, seit die Schwester sagte: „Ihr Kind hat etwas am Rücken" — aber in mir entsteht eine Gewißheit: dieses ‚Etwas' ist nicht harmlos!
Aus der neuen Ruhe heraus wandern meine Gedanken zurück: Gestern ging es Lydia doch gut — oder nicht? Das Erleben des vergangenen Abends läuft noch einmal vor mir ab:
Gegen 20 Uhr, gerade als die Schwester mich für ein paar Minuten allein im Aufnahmezimmer gelassen hatte, setzten ohne Vorwarnung die Preßwehen ein — wir waren noch keine halbe Stunde in der Klinik, und bisher waren die Wehen nicht sehr stark gewesen. Als die Hebamme auf mein Rufen hin ins Zimmer kam, konnte sie gerade noch meinen Mann rufen und das Baby in Empfang nehmen! Wir waren sehr glücklich und freuten uns riesig: alles war so schnell gegangen, noch konnte ich kaum glauben, daß dieses kleine, nasse Wesen auf meinem Bauch unser Baby war, das sich 9 Monate lang nur von innen durch die Bauchdecke bemerkbar gemacht hatte! Unsere Lydia — ein Mädchen, wie es sich mein Mann gewünscht hatte!
In den Freudentaumel des unerwartet schnellen Glücks drängte sich eine Frage: „Ist alles in Ordnung mit dem Kind?" Auch mehrfaches Bejahen von seiten des Arztes und der Hebamme hatte die letzte Bangigkeit in mir nicht verscheuchen können — diese Kopfform mit der weit nach hinten gezogenen Stirn — irgendetwas an diesem Kind *war* anders!
Nachdem wir von den Schwestern liebevoll versorgt waren und alle anwesenden Schülerinnen das ‚schnelle Baby' bestaunt hatten, erlebten mein Mann und ich zwei wunderschöne Stunden mit Lydia, allein in einem der Kreißsäle. Im Nebenraum ertönte bald der erste Schrei eines weiteren Erdenbürgers, wir waren glücklich, alles war so gut gegangen und nun überstanden. Unser Töchterlein nuckelte begierig an meiner Brust und schlief danach etwas unru-

hig in meinem Arm ein. Und da war es wieder, dieses Gefühl – je nachdem, wie ich sie bewegte, war da etwas anders –.
Streckte sich der Oberkörper nach hinten? War diese Kopfform wirklich noch im Normbereich? Ich schalt mich selbst – das Kind ist untersucht, die Ärzte sind zufrieden, und überhaupt, es schmiegt sich doch wohlig in meine Ellenbeuge! Wir bestaunten die kleinen Fäustchen und die Stupsnase, die sich auch schon bei unserer großen Tochter, Miriam, durchgesetzt hatte.
Später, als mein Mann auf dem Heimweg war, unser Kind im Kindersaal schlief und ich auf die Station verlegt war, überlegte ich, warum ich meine bangen Gefühle nicht ablegen konnte. Die erste Geburt war dramatischer verlaufen, aber damals, genau vor drei Jahren und drei Tagen, hatte die jubelnde Freude über das neue Leben keinen Widerstand in mir gefunden. Was hinderte mich diesmal daran, mich rückhaltslos zu freuen?

> *"Kinder sind eine Gabe des Herrn,*
> *und Leibesfrucht ist ein Geschenk!"* Psalm 127,3

Während ich das Erleben der vergangenen Nacht an mir vorüberziehen lasse, dämmert es langsam, die Stadt erwacht. Noch bevor die Schwestern des Tagesdienstes das Zimmer zum Bettenbauen betreten, gehe ich zur Telefonzelle auf dem Flur und rufe meinen Mann an, ich möchte nicht alleine sein, wenn der Arzt berichten wird, was mit unserem Kind ist und wie es ihm geht.
Mein Mann kommt gerade, als das Frühstück ausgeteilt wird – und niemand hindert ihn daran, zu dieser, eigentlich für Besucher gesperrten Zeit, die Station zu betreten. Die Schwestern sind alle sehr nett – *zu* nett! Aber zu unserer Tochter dürfen wir nicht, niemand sagt uns Näheres, alle vertrösten uns auf den Kinderarzt, der Lydia zuerst untersuchen will.
Wir sitzen im Flur vor der Intensivstation und warten – warten – lauschen jedem Geräusch, das nach außen dringt, versuchen in den Gesichtern des ein- und ausgehenden Pflegepersonals zu lesen. Ich würde jetzt *so* gerne bei meinem Kind sein, das so lange ganz innig mit mir verbunden war, und zu dem mich jetzt niemand läßt. Wir reden kaum miteinander – in uns ist Ungewißheit und die Angst vor der Wahrheit, das will uns nicht über die Lippen, keiner möchte den anderen noch mehr erschrecken.

Freunde aus unserem Haus, bei denen Herbert unsere großen Kinder gelassen hat, haben gesagt: „Es muß ja nicht gleich was Schlimmes sein, bald ist alles wieder in Ordnung!" Aber in mir schreit es: „Am Rücken! Es *gibt* keine Alternative..." Doch ich wage nicht, dem Wissen aus meiner Ausbildungs- und Berufszeit nachzugeben.

Dann ist es soweit: der Arzt tritt durch die Tür. Mir ist, als löse sich der Sessel unter mir in ein Nichts auf, als ich ihn ansehe – groß, breit, das Krankenblatt unserer Tochter unter dem Arm, mit einem Gesicht, das nichts beschönigt. Genauso offen und schonungslos sind seine Erklärungen. Und irgendwo tief in mir bin ich ihm dankbar dafür – das Ausgesprochene ist faßbarer als die Ungewißheit.
„Ihr Baby hat eine Spina bifida, das heißt, daß sich einige Bögen der Wirbelsäule nicht vollständig geschlossen haben. In diesem Bereich gibt der Wirbelkanal das Rückenmark frei. Da der Defekt auch alle darüber liegenden Gewebe einschließt, zeigt sich über dem Gesäß des Kindes eine große offene Wunde, aus der ein Sekret austropft – wahrscheinlich Liquor, also Gehirn- oder Nervenwasser, das normalerweise ein Flüssigkeitspolster für Gehirn und Rückenmark darstellt."
Eine Mißbildung im Bereich des Zentralnervensystems! Ich bin seltsam erstaunt, daß der Arzt so sachlich und distanziert über etwas sprechen kann, was das Leben unseres Kindes derart betrifft!
„Wir brauchen Ihre Einwilligung zu einer Operation, bei der der Rücken verschlossen wird; ich muß Sie darüber aufklären, was Sie mit oder ohne Operation erwartet. Ohne OP werden wir das Kind unter weitgehend sterilen Bedingungen pflegen, im Brutkasten, dem Inkubator, es wird dann eine Frage von Wochen oder auch einigen Monaten sein, bis Krankheitserreger den Weg über das offene Rückenmark zum Gehirn finden werden. Mehr als zwei oder drei solcher Entzündungen übersteht dieses Kind nicht. Mit einer OP verringern wir diese Gefahr."
Bis zu diesem Punkt sind in den vergangenen Stunden auch meine Befürchtungen gegangen, die ich mir aber selbst nicht habe eingestehen wollen. Doch die folgenden Sätze treffen mich unerwartet.
„Sie wissen ja, daß zu diesem Krankheitsbild eine mehr oder weniger komplette Querschnittslähmung gehört. Bei Ihrer Tochter scheint sie vollständig zu sein, sie hat keinerlei Reflexe im Bereich des Unterleibs und der Beine."
Jetzt brauche ich Zeit – Zeit, um zu verstehen, was meine Ohren da

gerade gehört haben. Ich höre mich die unsinnige Frage stellen: „Bis wann müssen wir über die OP entscheiden?" Ich will nur Zeit, eine Pause im Redestrom des Arztes, um zu begreifen, daß dies alles Realität ist.
Etwas irritiert kommt die Antwort: „Sofort! Wenn das Kind operiert werden soll, müssen Sie sofort Ihre Einwilligung geben, doch selbst wenn Sie für die OP sind, wird die letzte Entscheidung beim Chirurgen liegen, der beurteilt, ob die OP durchführbar ist – der Defekt ist sehr groß. – Ich komme in zwei Minuten wieder."
Endlich sind wir allein – fast, denn ständig rennen Pflegepersonal und andere Elternpaare über den Flur. Was hat Gott mit uns vor? Sollen wir dieses Kind nicht behalten dürfen? Neun Monate Schwangerschaft – und dann nichts, – aus? Werden wir die Kraft und den Mut zu einer neuen Schwangerschaft haben, wie es den Eltern in solch einem Fall immer empfohlen wird: schnell wieder schwanger werden, um zu vergessen? Und wie groß ist das Wiederholungsrisiko? Aber *dieses* Kind, ist es wirklich beliebig *ersetzbar*? Und wenn es überlebt – wie wird dieses Leben aussehen? Für das Kind? Für uns? Angesichts dieser Alternativen wissen wir nicht, was wir wollen. Doch langsam setzt sich ein Gedanke durch und schiebt alle Angst und Not auf den zweiten Platz: Was an *uns* liegt, wollen wir tun, für die Operation eintreten, auch wenn die Ärzte den Erfolg für fragwürdig halten! Lydia ist ein Geschenk, das Gott uns anvertraut hat. Er kann auch bei der OP entscheiden, was mit ihr geschieht. Und wenn sie durchkommt, wird Er auch alles für uns bereit halten, was wir für unser weiteres Leben mit Lydia brauchen. Und ich wünsche mir, daß Lydia in 15 oder 20 Jahren froh sein wird, daß *wir* uns heute *für* ihr Leben entschieden haben.
Schon steht der Arzt abwartend da; wir sagen ihm, daß wir bereit sind, die OP-Erlaubnis zu unterschreiben, und folgen ihm dazu in das Dienstzimmer.

Jetzt dürfen wir endlich zu unserem Kind. Es bleibt noch etwas Zeit, bis alles für den Transport in die Kinderklinik geregelt ist. Es ist eigenartig, vielleicht damit zu erklären, daß ich sehr gerne als Kinderkrankenschwester in der Intensivpflege gearbeitet habe: Als wir den Raum mit den Inkubatoren und Wärmebettchen betreten, uns das Ticken und Surren der medizinischen Geräte umnebelt und in allen Augenwinkeln die Zacken und Linien der Überwachungsmonitoren flackern, fühle ich mich ruhig und sicher, fast wie „zu Hause". Alle Schwestern und Ärzte sind nun herzlich und offen. Da liegt Lydia vor uns, in einem Inkubator, ganz nackt; mit Kochsalzlösung getränkte Tupfer liegen auf ihrem Rücken und schützen die Wunde vor weiterem Flüssigkeitsverlust. Die Beine liegen schlaff und regungslos, die untere Rückenpartie ist seltsam buckelig, und nun ist es nicht mehr zu übersehen: der Kopf ist sehr klein.

Ich reiße mich von dieser Bestandsaufnahme los. Lydia ist mein Kind! Und was sie jetzt von mir braucht, das ist Liebe, Wärme und Geborgenheit, und ein Ja zu ihrem Leben. Als ich sie vorsichtig aus ihrem Bettchen nehme, ist sie wie jedes andere Baby solch ein kleines, hilfloses Bündelchen Mensch, das alle Beschützerinstinkte aufweckt. Ich setze mich mitten in diesen pulsierenden Raum, stille unser Töchterchen und genieße jede Sekunde dieses kostbaren Zusammenseins. Niemand weiß, wann wir wieder so eng beisammen sein werden – oder ob überhaupt noch einmal. Manchmal steigen mir Tränen in die Augen, ich wünsche mir, aus diesem bösen Traum aufzuwachen. Aber Tränen helfen jetzt nicht, dazu ist später Zeit. Schließlich hört Lydia zufrieden auf zu saugen.

Bevor ich sie für den Transport anziehe, muß sie neu verbunden werden. Einen Augenblick zögern wir, aber dann wollen wir sehen, was das Leben unseres Kindes so sehr beeinflußt. Von der Hüfte bis in die Pofalte hinein ist der Rücken eine große klaffende Wunde, eigentlich unvorstellbar, wie diese große Fläche verschlossen werden soll. Die übrige Babyhaut ist so dünn und zart. Doch diesem erschreckenden Anblick zum Trotz bewegt sich das kleine Mädchen und erinnert uns alle, Eltern, Schwestern und Ärzte, daran, daß es nicht um medizinische Ansichten, sondern um das Leben eines Menschenkindes geht.

Eine nette, verständnisvolle Schwester läßt mich alles Notwendige selbst tun: die Wunde steril verbinden, Lydia anziehen und für die Verlegung vorbereiten.

Es ist soweit: ich lege sie in den Transportinkubator, in dem sie nun warm und geschützt, von einer Schwester begleitet, mit dem Krankenwagen zur Kinderklinik in einen anderen Stadtteil gefahren wird. Nach der Anspannung der vergangenen Stunden und der intensiven Beschäftigung mit unserem Kind finden wir uns jetzt in einer Leere wieder, in der für uns nichts mehr zu tun bleibt. Noch läßt sich das Erlebte nicht in Worte fassen.

Aus der Angst heraus, was sein wird, wenn Lydia nicht am Leben bleibt, habe ich vorhin den Arzt gefragt, ob bei einer neuen

Schwangerschaft ein erhöhtes Wiederholungsrisiko besteht. Seine Antwort hat uns fast erschlagen: „Man kann diese Mißbildung heute schon während der Schwangerschaft feststellen, und dann bekommen Sie ohne Schwierigkeiten eine Indikation zur Schwangerschaftsunterbrechung!" Das kann er doch nicht im Ernst meinen! Wir bangen um das Leben unseres Neugeborenen und er sagt quasi: „Das Nächste können Sie ja schon vorher beseitigen lassen." Eine Schwangerschaft anstreben mit dem Vorsatz, mein eigenes Kind ermorden zu lassen, weil es behindert ist? Und das sagt ein anerkannter Kinderarzt! Nein, dies ist für uns keine Möglichkeit.
Wird Lydia die nächsten kritischen Stunden überleben? Und wie wird unser Leben danach aussehen?
Ich muß an das Psalmwort denken, das mein Mann vor zehneinhalb Monaten als Geburtstagslosung bekommen hat: „Kinder sind eine Gabe des Herrn, und Leibesfrucht ist ein Geschenk!" Kurz danach erlebten wir voller Freude, wie neues Leben in mir zu wachsen begann. Während der ganzen Schwangerschaft begleitete uns dieser Psalmtext und gebot unseren Gedanken Einhalt, wenn Angst vor der Zukunft und Zweifel an unserer Tragfähigkeit für ein weiteres Kind alle Freude ersticken wollten. – Und nun? ‚Eine Gabe des Herrn, ein Geschenk'! *Wollen* wir dieses Geschenk, das wahrscheinlich unser ganzes Leben verwandeln wird? Das wohl mehr ‚Last' sein wird, – dieses *unbequeme* Geschenk? Vor einiger Zeit habe ich in unserem Hausbibelkreis das Thema ‚Gottes unbequemen Geschenke' ausgearbeitet. Wieviel Gewicht bekommt dies nun für uns! Dürfen wir überhaupt darüber *nachdenken,* ob wir es annehmen wollen oder nicht?
Entsetzen, Zweifel, Schuldgefühle wegen der Zweifel und vor allem diese Ungewißheit. Werden die Ärzte die OP für durchführbar, für erfolgversprechend halten? Ist das Operationsteam erreichbar? Immerhin ist es Freitagnachmittag, auch Spezialisten haben mal ein freies Wochenende. Wie wird der junge, winzige Körper auf den Eingriff reagieren?
Mehrere Stunden lang hat Lydia mit der offenen Wunde in der Windel gelegen, sauber, aber nicht steril. Verstehen kann ich es nicht, daß diese große Wunde übersehen werden konnte, daß die schlaffen Beine keinen Verdacht erregten, daß die Kopfform nicht auffiel. Aber gestern abend waren alle Kreißsäle belegt, bald Schichtwechsel, sehr viel Arbeit, Hektik; und da mitten hinein kam so plötzlich unser Kind! Ich erkenne, wie es dazu kommen konnte, daß erst die

Schwestern im Kindersaal entdeckten, was mit dem ‚schnellen' Baby los war. Aber verstehen oder gar entschuldigen kann ich es nicht. Es hat auch keiner der Ärzte und Schwestern versucht, eine billige Entschuldigung zu äußern.

Beginnt sich aus dem Unverständnis in mir Wut zu bilden? Ohnmächtige Wut? Das hilft jetzt auch nicht weiter, niemandem. An der eigentlichen Behinderung trägt niemand die ‚Schuld'. Und wenn nun dadurch Lydias Überlebenschancen noch mehr verringert sind, hilft ihr meine Auflehnung schon gar nicht. Im Gegenteil, die Gedanken und Gefühle, die ich der Auflehnung gegen Geschehenes opfere, stehen mir nicht mehr zur Verfügung im Kampf um mein Kind – *für* mein Kind.

> *„Was betrübst du dich, meine Seele,*
> *und bist so unruhig in mir?*
> *Harre auf Gott; denn ich werde ihm noch danken,*
> *daß er meines Angesichts Hilfe und mein Gott ist."*
> Psalm 42,12

Inzwischen ist es Abend geworden. Herbert mußte am frühen Nachmittag zur Kinderklinik, weil eine Unterschrift benötigt wurde, er hat Lydia noch einmal sehen können, als sie zur Operation in eine Spezialklinik gebracht wurde. Der zuständige Oberarzt meinte, daß die Lähmung der Beine vielleicht doch etwas zu beeinflussen sei. Ein Beinchen hatte bei der Blutentnahme aus der Leistenbeuge leicht gezuckt! Aber für die Lähmung von Blase und Darm konnte er uns keine Hoffnung machen.

Lydia ist erst 24 Stunden alt, einen Tag! Was hat sie in dieser kurzen Zeit alles erlebt! Nun liegt sie (6 km entfernt von mir) in einem Bettchen der Kinderklinik und schläft ihren Narkoserausch aus. Und doch geht es ihr überraschend gut. Sie hat sich soweit erholt, daß sie nicht mal mehr auf der Intensivstation sein muß.

Unser kleines Menschlein hat durchgehalten! Ich erinnere mich daran, wie zäh die ganz jungen Säuglinge oft sind, scheinbar mit einem eisernen Lebenswillen ausgestattet, sozusagen als Ausgleich für ihre Hilflosigkeit. Das hat mir schon früher oft Staunen und Bewunderung abgerungen, und Ehrfurcht vor der Schöpfung. In diesen Stunden nach der Operation wird es uns beiden, meinem Mann zu Hause und mir hier in der Klinik klar, daß wir dieses Kind behal-

ten wollen, es so annehmen, wie es ist. Daß es die OP so gut überstanden hat, ist uns wie eine Verheißung für die Zukunft: Gott will uns dies Kind noch lassen. Wie lange, das liegt bei ihm. Und nun wissen auch wir, daß wir unsere Lydia *wollen,* daß wir bereit sind, alles uns Mögliche für ihr Leben zu tun. Welch eine Erleichterung ist es, daß diese schrecklichen Zweifel beendet sind!
Während auf der Station die Mütter ihre Babys stillen, suche ich den Ort auf, der mir schon am Nachmittag Zuflucht war: ein Fenster im Untergeschoß der Klinik, von dem aus ich zur Linken einen Teil der Stadt sehen kann, Wald, Häuser, Himmel, Lichter, Geräusche; und zur Rechten hinter den Fenstern eines Seitenflügels habe ich auch Anteil am geschäftigen Treiben des Krankenhauses. Neben mir ist die Tür, die in den Raum führt, in dem wir unsere Schwangerschaftsgymnastik erlernt haben. Die Schwangerschaft! Wie ahnungslos war ich da!
Meine Gedanken wandern nach Hause, wo mein Mann jetzt sicher unsere beiden großen Töchter zu Bett gebracht hat. Da ist einmal unser erstes Kind Miriam, drei Jahre und drei Tage älter als Lydia. Sie ist ein lustiges, gewitztes kleines Mädchen mit blau-grau-grünen Augen und ganz feinem blonden Haar. Bevor wir gestern abend zur Klinik fuhren, hat sie mir noch eingeschärft: „Denk' schön dran: Wenn das Baby aus dem Bauch 'rauskommt und weint, mußt du es in den Arm nehmen, ganz fest drücken und trösten!" Miriam steckt voller Ideen und Tatendrang. Sie ist immer in Bewegung, ihre Energien sind fast unerschöpflich. Aber sie kann auch sehr sensibel und zärtlich sein. Ein sprühendes, lebhaftes Kind, von dem manche unserer Bekannten sagen, es sei ‚ganz die Mutter', von der Stupsnase bis zum Temperament.
Dann ist da noch Susanne, fast vier Jahre alt. Sie lebt als Pflegekind seit einem knappen Jahr bei uns. Sie hat es nie leicht gehabt, in den ersten drei Lebensjahren nicht, und auch bei uns nicht. Die vergangenen Monate reichten noch nicht, um sie voll in unsere Familie einzufügen. Eigentlich hatte ich bisher gedacht, daß mit Susanne unser aller Bedarf an außergewöhnlichen Situationen gedeckt sei. Wie wird es jetzt weitergehen? Werden die Zuwendung, die Kraft und die Zeit, die ich für Lydia demnächst brauche, zu Lasten der anderen Kinder gehen? Susanne bekommt Krankengymnastik, 1x wöchentlich bei einer Krankengymnastin und 1-2x täglich turnt sie zu Hause mit mir. Außerdem braucht sie Beschäftigungstherapie, das ist auch täglich eine halbe Stunde Übungszeit. Aber vor allem hat

sie einen riesigen Nachholbedarf an Liebe und Zuwendung. Und Miriam läuft halt so mit. Ab und zu macht sie sich lautstark bemerkbar, dann fällt mir wieder ein, daß ja auch sie Zuwendung braucht. Trotzdem macht gerade Miriam uns viel Freude!
Während der Schwangerschaft habe ich mir oft nicht mehr vorstellen können, wie ich den Alltag mit Miriam, Susanne und einem Baby bewältigen sollte. Und dabei dachte ich (natürlich) an ein ganz normales, gesundes Kind!
Doch während ich diese Bilder und Gedanken an mir vorüberziehen lasse, spüre ich, daß ich ruhiger werde, daß die Turbulenz des Tages langsam weicht, so wie es auch auf den Stationen des Krankenhauses stiller wird, wenn alles für die Nacht vorbereitet ist.
Die Schwangerschaft mit ihren Stimmungsschwankungen und depressiven Zeiten, mit verminderter körperlicher und seelischer Belastbarkeit ist vorüber. Und ich weiß ja noch vom ersten Mal, daß es nach dem Wochenbett bergauf geht, daß die Widerstandskraft zurückkehrt und neue Energien wachsen.
Angesichts der Situation unseres jüngsten Kindes verblaßt vieles. Was mir bisher Not bereitete und unüberwindbar erschien, wird klein und unwichtig.
Ich denke weiter darüber nach; ja, die Relationen ändern sich. Was vorher so wichtig war – zum Beispiel die Probleme unseres Pflegekindes Susanne – tritt plötzlich in den Hintergrund. Was oft untergegangen ist in Selbstmitleid und Unfähigkeit, etwa die kleinen Lichtblicke und Fortschritte, erhält Bedeutung. Schon jetzt beginne ich, andere Maßstäbe anzusetzen. Nach Miriams Geburt hatte ich einige Tage eine den Magen verkrampfende Angst, daß sie wegen einer relativ starken Neugeborenengelbsucht in die Phototherapie müßte. Bei der Phototherapie wird durch die Ganzkörperbestrahlung mit einem speziellen Licht ein Stoffwechselprodukt, Bilirubin, das bei der Neugeborenengelbsucht in großen Mengen anfällt, in der Haut beschleunigt abgebaut. Heute, als die Schwestern auch für Lydia diese Anwendung in Erwägung zogen, erschien es mir kaum erwähnenswert im Vergleich zur gerade überstandenen Operation.
Ob ich durch Lydia lerne, eine tolerantere Mutter zu sein? Werde ich Leistungsstreben und Vergleichsdenken hinter mir lassen können? Ist dies eine Chance, die Kinder bewußter mit bleibenden Werten zu erziehen?
Heute nachmittag habe ich hier gestanden, dem Chaos meiner Ge-

fühle ausgeliefert, und mit meinem Schicksal gehadert: Warum *ich?!* Die Mutter eines behinderten Kindes stellte ich mir so vor: früh gealtert, verhärmt, ernst, fast bitter, ihr Äußeres vernachlässigend, dick, abgehetzt, übernervös.

„Ich bin doch erst 25 Jahre alt – noch viel zu jung, um aufs Abstellgleis geschoben zu werden! Ich will noch fröhlich sein dürfen, mein Leben im Freundeskreis genießen – abends und an manchen Wochenenden etwas unternehmen – freie Zeit haben und diese nach *meinen* Vorstellungen einteilen. Aber ich will nicht für immer an ein behindertes Kind gefesselt sein, das mir das Recht auf ein eigenes Leben nimmt und mir das herzhafte Lachen verwehrt! Ich *will* nicht!"

In mir kam der irrsinnige Wunsch auf, mich mit Miriam, die in ihrer kindlichen Einfalt ja all das Spontane und Sorglose verkörperte, das ich verloren wähnte, auf eine einsame Insel zu flüchten, auf der mich die neuen und die alten Probleme nicht einholen könnten.

Und nun, nur wenige Stunden später, gewinnen ein wenig Zuversicht und Hoffnung an Raum. Ich beginne, auch positive Auswirkungen zu erahnen. Kann Lydia nicht auch eine Bereicherung für unser aller Leben sein? Mein eigener Berufswunsch war entstanden aus den Erfahrungen, die ich als 8-10jährige mit einem behinderten Schwesterchen machte. Welche Erfüllung brachte mir mein Dienst als Kinderkrankenschwester! Und welche Vorteile werde ich nun daraus haben bei Lydias Pflege und Betreuung!

„Finsternis bedeckt das Erdreich und Dunkel die Völker;
aber über dir wird aufgehen die Herrlichkeit des Herrn!"
nach Jesaja 60,2

Ausschnitte aus einem Brief vom 24.11.79 an eine Freundin:

„Liebe Jutta,
... jetzt, einen Tag nach der OP – die Wunde wurde verschlossen – geht es Lydia sehr gut: Sie wird mit Medikamenten behandelt, die einer Entzündung vorbeugen, falls schon Krankheitserreger in die Wunde eingedrungen und von dort über den Wirbelkanal zum Gehirn aufgestiegen sein sollten. Ernährt wird sie mit 6 x 10 Gramm einer Nahrung, die der Muttermilch weitgehend angeglichen ist. Komplikationen sind bisher nicht aufgetreten. Meine größte Sorge

zur Zeit ist, ob durch den Verschluß des Wirbelkanals nun ein Hydrozephalus entsteht, also eine weitere Operation erforderlich wird.[1]
Ich möchte Lydia gerne bald zu Hause haben und selber pflegen. Was wird die Zukunft bringen? – Gestern abend haben sich einige Freunde und Bekannte mit Herbert zur Gebetsgemeinschaft getroffen. Die ganze Nacht und auch heute habe ich gespürt, wie Gott Trost, Kraft und Zuversicht schenkt – und Lydia bewahrt! Es wird anders sein, als mit einem gesunden Kind – aber ich spüre, wie nicht nur im Wollen, sondern auch im Gefühl die Bereitschaft wächst, mit Lydia zu leben ... Wir haben dieses Kind von Gott geschenkt bekommen, und wir haben uns für Lydia entschieden – Gott weiß, was er vorhat, wir wollen abwarten, annehmen und vertrauen. Viele beten mit und für uns, die Kraft fließt – Lydia lebt. Wir gehören alle fest zusammen, Herbert und ich, Miriam und Lydia, und vielleicht auch Susanne – aber auch das entscheidet Gott, wir wollen einfach nur bereit sein."

Dieser Brief ist der erste von vielen, die ich während der restlichen Tage in der Klinik schreibe.
Natürlich möchte ich so schnell wie möglich entlassen werden, um Lydia in der Kinderklinik zu besuchen, und die Ärzte haben bereits zugesagt, mich nicht die üblichen 7–10 Tage hier zu behalten, aber meine Dammnaht ist noch nicht so weit in Ordnung, daß ich schon jetzt nach Hause gehen könnte.
Und so schreibe ich eine Reihe von Briefen und führe viele lange Telefongespräche. Alle Verwandten und Bekannten wollen und sollen informiert werden. Die meisten wissen ja noch nicht einmal, daß wir unser erwartetes Baby bereits haben.
Aber für meinen Informationsdrang gibt es auch noch wichtigere Gründe: Ich muß über das Erlebte sprechen, um es zu verarbeiten. Indem ich die Situation mit Lydia in Worte fasse, sie immer und

---

[1] Ein Hydrozephalus, auch ‚Wasserkopf' genannt, entsteht, wenn sich innerhalb des Schädels zuviel Nervenwasser (Liquor) ansammelt. 80% der Kinder mit einer Spina bifida leiden unter dieser Komplikation. Der Kreislauf des Liquors ist gestört. Dadurch erhöht sich ständig der Druck innerhalb des Schädels, die liquorführenden Räume im Gehirn vergrößern sich, und der Druck wirkt auf die Gehirnzellen ein. Der Kopf wächst dann sehr schnell, die Schädelnähte klaffen weit auseinander, und die Fontanellen sind groß und gespannt. Ohne eine baldige Druckverminderung treten Schädigungen der Gehirnzellen auf.

immer wieder ausspreche, wächst aus dem lähmenden Erschrekken und den niederdrückenden Ängsten eine Realität, die ich, während ich sie beschreibe, klarer abgrenzen kann. Mit jedem Telefonat rückt das Geschehene mehr in die Wirklichkeit des Alltags – heraus aus der besonderen Atmosphäre des ersten Schocks. Auf dieser Ebene lassen sich viel besser Überlegungen anstellen und Entscheidungen treffen.

Es ist auch ein bewußter Schritt in die Offensive. Wir wollen mit Lydia nicht isoliert werden – und uns schon gar nicht von selbst zurückziehen. Ich weiß, daß ein wesentlicher Grund für die häufig auftretende Einsamkeit der Familien mit behinderten Kindern darin liegt, daß die anfängliche Unsicherheit der Umgebung den Kontakt zueinander so lange unterbricht, bis es plötzlich nicht mehr möglich erscheint, wieder aufeinander zuzugehen. Dieser Unsicherheit will ich entgegenwirken, will sie durch Information ersetzen: „Seht her, dies ist geschehen, und folgendes erwartet uns!"

Ich übersetze die medizinischen Begriffe in die Umgangssprache, um Lydias Behinderung auch für meine Gesprächspartner begreifbar zu machen. Und indem ich selber das Gespräch beginne und auf die Fragen hinführe, die zwar in ihren Gedanken existieren, die auszusprechen sich aber fast alle scheuen, signalisiere ich: „Ich bin bereit, darüber zu sprechen. Es ist Wirklichkeit – kein Tabu!" Und *wie* sehr wünsche ich mir, über Lydia zu reden! Über all das oft doch noch Unfaßbare, aber auch über das kleine Mädchen, das trotzdem, wie wohl jedes Neugeborene, seine Mutter in geheimnisvoller Weise bezaubert hat.

Die Fragen meiner Gesprächspartner sind wohltuende Anteilnahme; aber auch das ruhige, mitfühlende Zuhören erfüllt mich mit Dankbarkeit. Die Betroffenheit, die am anderen Ende der Leitung zu spüren ist, wo die Worte fehlen, um den eigenen Gefühlen Ausdruck zu geben, schenkt mir Trost und Hilfe. Hinter dem „Es wird schon noch alles gut werden, – heute kann man ja *so* vieles machen!" spüre ich dagegen das Nicht-wahr-haben-wollen und das Abschieben dessen, was einfach nicht sein darf, weil es nicht zum „Normalen" gehört.

Noch weiß ich nicht, wie sich unser Leben mit einem behinderten Kind gestalten wird. Aber war es in gewisser Hinsicht nicht eine ähnliche Situation, als unser erstes Kind, Miriam, geboren wurde? Sie war in unserem Freundeskreis das erste Baby. Damit wurden wir aber auch zum ersten Paar, das in seiner Bewegungsfreiheit einge-

schränkt war, das Rücksicht zu nehmen hatte auf die Bedürfnisse eines Säuglings, und dessen Gedanken sich zum großen Teil um Baby-Belange drehten. Auch damals war eine Isolation denkbar, doch wir durften voller Freude erfahren, daß auch unser Freundeskreis sich bei den gemeinsamen Unternehmungen weitgehend auf den Baby-Fahrplan einstellte, und daß viele Dinge, die auf den ersten Blick mit einem kleinen Kind nicht durchführbar schienen, uns allen hinterher ganz besonderen Spaß machten, gerade weil Miriam mit von der Partie war.
Warum sollte Lydia nicht genauso in die Gemeinschaft einzufügen sein? Außerdem hätte es ja jeden anderen auch treffen können. Warum sollen wir die anderen also mit unserem Leid „verschonen"? Wir können denjenigen nicht Recht geben, die meinen, ein behindertes Kind sei der Öffentlichkeit nicht „zumutbar".

Nun drängt auch die Geburtsanzeige auf Fertigstellung. Vor der Entbindung haben wir Text und Form schon festgelegt. Eigentlich fehlen nur die persönlichen Daten mit Namen, Tag, Uhrzeit, Gewicht und Länge. Aber aus dem Wunsch, gegebenenfalls noch etwas Besonderes über unser Kind zu berichten, hatte ich ein paar Zeilen freigelassen. Wie gut eignet sich dieser Platz nun, um das Wichtigste von Lydias Krankheit zusammenzufassen. Aber davor war ich bisher zurückgeschreckt. Irgendwie paßten diese Tatsachen nicht in eine Geburtsanzeige. Und doch sind sie unabänderlich mit unserer Lydia verbunden. So begebe ich mich auch an diese Arbeit, und das ist das Ergebnis:
Die 1. Seite des Doppelblattes im Format DIN A6 schmückt ein „Liebe ist . . ."-Motiv: Vater, Mutter und Baby. Darunter Herberts diesjährige Geburtstags-Losung: „Kinder sind eine Gabe des Herrn, und Leibesfrucht ist ein Geschenk!" (Psalm 127,3)
Die Innenseiten erhalten folgenden Text:

> Wir sind dankbar und glücklich:
> Gott hat uns eine Tochter geschenkt!
>
> Miriam und Susanne freuen sich sehr über
> ihr Schwesterchen.
>
> Mit diesem Kind ist uns ein besonderes Gut anvertraut:
> es ist durch eine Störung in der frühen Entwicklung
> querschnittgelähmt.

Eine schwierige Operation hat es bereits gut überstanden.

Unser Geschenk heißt

Lydia

Sie ist am 22. November '79 um 20.10 Uhr geboren worden, wiegt 2850 g und ist 49 cm groß.

Es grüßen: Herbert und Kornelia Völling

Auf der Rückseite werde ich jedem Empfänger dann ein paar persönliche Worte zu dem Erleben der vergangenen Tage schreiben.

So sind die Tage in der Klinik angefüllt mit Briefeschreiben und Telefonieren. Dabei wird mir das Geschehen um Lydia vertraut, jede Einzelheit prägt sich durch das häufige Wiederholen noch fester ein. Es ist wie ein Grundstock, auf dem sich nun Lydias und unsere Zukunft aufbauen kann.
Und immer wieder steht mir der Vers vor Augen: „... und ihr werdet erfahren, daß ich der Herr bin!" Das läßt eine getroste Erwartung wachsen auf das, was Gott mit uns vor hat. Ich habe schon so oft erfahren, daß Er uns nicht im Stich läßt. Warum sollte Er also in dieser Situation nicht auch Gutes schaffen?!
Dreimal täglich rufe ich in der Kinderklinik an, um zu erfahren, wie es Lydia geht; jedesmal erfüllt mich vorher eine ungeheure Spannung: Hat sich etwas verändert? Sind Komplikationen aufgetreten? Aber nein, sie erholt sich gut. Ärzte und Schwestern sind mit ihrem Befinden zufrieden. Sie trinkt ihr Fläschchen, zuerst 6x10, dann 6x20 Gramm. Oh, wenn ich sie doch selber sehen könnte!
Meine beiden stets zu Späßen aufgelegten Bettnachbarinnen sind mir eine willkommene Auflockerung in diesen Tagen. Eigentlich wollten die Schwestern mich nach Lydias Verlegung in die Kinderklinik zu Frauen legen, die nicht entbunden hatten, um mir den Anblick der anderen Babys zu ersparen. Aber es war mein eigener Wunsch, bei diesen netten Italienerinnen zu bleiben. Wir sind etwa gleichaltrig und verstehen uns prima. Und mit gesunden Babys werde ich ja noch häufig konfrontiert werden, nein, ich will nicht schon am Anfang den Kopf in den Sand stecken, das Wiederherausziehen würde nur noch schwieriger sein. Nun lachen wir oft miteinander – über Geschichten von zu Hause, über die älteren Kinder, über unsere tolpatschigen Bewegungen aufgrund der Damm-

nähte, und nicht zuletzt über die Grimassen der beiden Babys.
Wenn die anderen ihre Kinder stillen, gehe ich „abpumpen". Normalerweise sollte ich abgestillt werden, da es ja nicht sicher war, ob Lydia durchkommen würde und sie nach erfolgreicher OP einen wochenlangen Krankenhausaufenthalt vor sich hat. Aber ich bin der Ansicht, daß sie den engen Kontakt mit mir beim Stillen ganz besonders braucht, auch wenn es erst in zwei Monaten durchzuführen sein sollte. Also bestehe ich auf dem elektrischen Abpumpen der Milch. Nun, die Schwestern lassen mich gewähren. Zwar habe ich den Eindruck, daß dies nur geschieht, um mich nicht unnötig aufzuregen, aber immerhin, meine Milchproduktion kommt in Gang – und wie!
Dann gibt es da noch die Besuche, die den Klinikalltag unterbrechen. Auch da die unterschiedlichsten Reaktionen: vom „Naja, wenn das Kind operiert ist, kommt es ja bald nach Hause, und dann wird alles gut. Du machst das schon," – bis zum Besucher, der die Tränen kaum zurückhalten kann und todernst auf die Bettdecke starrt. Aber Herbert und ich wollen dieses Kind. Wir freuen uns, daß es ihm zur Zeit recht gut geht und wünschen, es bald bei uns zu haben, obwohl wir wissen, daß dann eine Menge Arbeit auf uns wartet. Es fällt mir schwer, zu verstehen, daß mancher gar keinen Hoffnungsschimmer für Lydias Zukunft gelten lassen will. Doch da gibt es auch Besuche, die mir sehr viel Freude machen. Zuerst natürlich die Stunden, die mein Mann sich täglich freimachen kann, wenn unsere beiden ‚Großen' bei Freunden sind. Daneben sind es diejenigen, die mit einem warmen Lächeln den Raum betreten und sich nicht scheuen, ein liebevoll ausgesuchtes Geschenk für das Baby mitzubringen. Einmal öffnet sich die Tür und mehr als fünfzehn Leute kommen kurz herein, um uns persönlich zu demonstrieren, daß sie an uns denken und für uns beten. Sie hatten ein paar Stunden gemeinsam verbracht und als Abschluß spontan diesen Besuch beschlossen!

*„Von allen Seiten umgibst Du mich, und hältst
Deine Hand über mir."*   *Psalm 139,5*

Endlich ist es soweit: Ich werde entlassen, viereinhalb Tage nach der Entbindung! Eine Taxe bringt mich zur Kinderklinik, wo ich mein Gepäck bei der Aufnahmeschwester zurücklasse. Ich eile in

die 7. Etage, auf der sich die Neugeborenenstation befindet. Endlos dauern die Vorbereitungen: Vorsprache bei den Schwestern, erste kurze Information über Lydias Befinden, ein blauer Schutzkittel wird besorgt – das Vliesmaterial ist steif und der ganze Kittel zu groß – und ich befinde mich noch immer *vor* der Tür, hinter der das Bettchen mit Lydia steht!
Und dann bin ich plötzlich doch vor diesem Bett, das wie ein Kasten aus Plexiglas aussieht. Ein Wärmebett, dessen durchsichtige Scheiben von allen Seiten den Blick auf das Baby freigeben und im Inneren eine gleichbleibende Temperatur bewahren, da es auch nach oben mit zwei großen Klappen verschlossen ist. Und das Baby in gerade diesem Bett ist unsere Lydia! Sie trägt nur eine Einmalwindelhose und ein paar gehäkelte Wollschühchen. Die Operationswunde schützt ein dicker Verband. Vorsichtig lasse ich die Klappe an einer Seite des Bettchens nach unten. Für kurze Zeit kann ich nun in das Innere des Glaskästchens hineingreifen, ohne daß die Temperatur zu sehr sinkt und Lydia auskühlen würde. Ich freue mich – endlich kann ich unser Baby wieder berühren, streicheln, leise mit ihm reden. Wir sind wieder zusammen! Das kleine Köpfchen liegt ruhig in meiner Hand.
Vorsichtig beuge ich mich zu meinem Kind hinunter, bis ich mit meinem Gesicht auf gleicher Höhe bin, ganz nah bei dem kleinen Wesen, das so alleine in diesem Kästchen liegt. Ob es spürt, daß ich hier bin – ich, seine Mutter?
Es ist an der Zeit, die Bettseite wieder zu verschließen, aber ich kann es mir nicht versagen, die Klappe gerade soweit offen zu lassen, daß ich einen Arm durchstecken kann, um Lydia leicht zu streicheln. Sie liegt so ruhig da, nur ab und zu verzieht sie ihr Mündchen zu einem leisen Unmutslaut. Manchmal öffnet sie die Augen ein wenig und schaut vor sich hin. Sie bewegt sich wenig. Trotzdem habe ich den Eindruck, daß sie sich entspannt, wenn ich ihren Kopf halte und sie streichle. Und doch gibt es auch etwas, das mich erschreckt: diese weit zurückweichende Stirn hatte ich fast vergessen, auch der kleine Buckel über dem Gesäß läßt sich nicht im Gewohnten einordnen, und natürlich die schlaffen Beinchen.
Doch heute will ich einfach froh und erleichtert sein, daß ich ihr so fühlbar nahe sein darf, daß ich nicht mehr an die Entbindungsklinik gebunden bin; ich fühle mich frei – frei, alles zu tun, was mir möglich ist, um diesem, meinem Kind zu helfen.
Oh, am liebsten würde ich mein Baby in meine Arme nehmen und

mit ihm nach Hause eilen! Es ganz einhüllen und ihm Geborgenheit schenken. Und doch weiß ich, daß wir nie aus uns selbst heraus fähig sein werden, dieses Kind zu führen. Aber alles, was wir brauchen, werden wir als zusätzliches Geschenk bekommen, das habe ich in den Tagen in der Klinik besonders stark empfunden – wie Kraft und Ruhe zur rechten Zeit vorhanden waren. Jetzt fühle ich mich körperlich erstaunlich fit, obwohl ich so kurz nach meiner Entlassung nun schon eine Weile über Lydias Bett gebeugt stehe.

Da kommt auch Herbert, der in diesem Stadtteil arbeitet und Lydia schon in den vergangenen Tagen hier besucht hat. Er hat den Photoapparat mit und knipst ein paar Bilder von unserem Töchterchen. Unsere Verwandten und Bekannten sollen unsere Jüngste, wenn schon nicht persönlich, so doch wenigstens auf einem Bild bestaunen dürfen!

Es folgt noch ein kurzes Gespräch mit der Stationsärztin. Im Augenblick ist nicht viel zu sagen; es geht Lydia den Umständen entsprechend gut. Außer der normalen ärztlichen Überwachung kann zur Zeit nichts getan werden, um ihr weiterzuhelfen. Wir müssen abwarten, wie sich ihr Zustand weiterentwickelt. Von Tag zu Tag schauen, ob Komplikationen auftreten oder nicht. Plötzlich fühle ich mich müde und hilflos. Warten, worauf? Auf Komplikationen!

Als wir ins Zimmer zurückgehen, schläft Lydia wieder. Mein Mann und ich fahren für heute nach Hause, hier gibt es jetzt für uns nichts mehr zu tun. Und dort warten unsere beiden anderen Kinder schon sehnsüchtig auf die Mutti. Sie wissen, daß ich erst mal ohne Baby komme, aber daß sie es bald in der Klinik besuchen dürfen.

Der Nachmittag vergeht schnell mit Erzählen und Spielen. Außerdem müssen wir klären, wie der Ablauf der nächsten Tage aussehen soll. Nach Möglichkeit will ich Lydia jeden Tag besuchen. Da die Klinik gut 20 km von unserem Wohnort entfernt ist, wir kein Auto haben und ich auf die öffentlichen Verkehrsmittel angewiesen bin, werde ich jeweils den halben Tag unterwegs sein. Schwierig ist, daß ich Miriam und Susanne nicht mitnehmen kann.

Mein Mann muß auch wieder arbeiten, an seinem Platz ist in den letzten Tagen schon recht viel liegen geblieben. Herbert arbeitet im Blau-Kreuz-Verlag, und da herrscht in den Wochen vor Weihnachten Hochbetrieb.

Wieder einmal bewährt sich unsere Hausgemeinschaft: Wir wohnen in einem achtstöckigen Hochhaus mit 36 Wohnungen, die erst

vor einem Jahr fertiggestellt wurden. Damals zogen wir mit einem befreundeten Ehepaar, Margit und Werner, den Paten unserer Miriam, gemeinsam von Wuppertal hierher nach Wülfrath, einer kleinen alten Stadt mit mehreren Neubaugebieten. Wir fühlten uns von Anfang an wohl in der neuen Umgebung. Schon kurz vor dem Umzug hatten wir von einem anderen jungen Ehepaar gehört, Katja und Dietmar, entschiedene Christen wie wir, die ebenfalls eine Wohnung in diesem Haus gekauft hatten. So entstand eine intensive Gemeinschaft, verteilt auf die 1., 3. (wir) und 6. Etage. Direkt nach dem Umzug kam dann Susanne zu uns. Margit aus der 6. Etage bekam im Frühjahr eine kleine Christina, und auch bei dem dritten Ehepaar gesellte sich im Sommer ein Baby dazu: Carmen. Unsere Lydia ist also das fünfte Kind in unserem fruchtbaren Kreis. Wie gut es ist, daß unsere Kinder sich in den drei Wohnungen auskennen und sich bei allen Erwachsenen wohlfühlen.
Beide Familien bieten sich spontan an, jeweils eine der „Großen" zu sich zu nehmen, während ich in der Klinik bin. Und die Kinder sind damit einverstanden. Miriam findet es besonders wichtig, daß ich das Baby auch ja in den Arm nehme und es jeden Tag tröste. Sie war im Sommer selber wegen einer Operation eine Woche lang im Krankenhaus und weiß noch sehr gut, wie wichtig es ihr war, daß ich von frühmorgens bis zum Gute-Nachtsagen bei ihr sein konnte.

So ist die Adventszeit in diesem Jahr in ganz besonderem Sinn eine Zeit der Erwartung für uns: wir alle warten auf die Entlassung unserer Lydia aus der Klinik. Ob sie Weihnachten zu Hause sein wird?

Silvester 79/80:
Schrillt da nicht das Telefon? Ich springe aus dem Bett — es wird doch nicht die Klinik sein, mitten in der Nacht? Der Telefonhörer liegt bleischwer in meiner Hand, als ich mich melde. Doch da wird am anderen Ende der Leitung ein Lied angestimmt:

> „Von guten Mächten wunderbar geborgen,
> erwarten wir getrost, was kommen mag.
> Gott ist mit uns am Abend und am Morgen
> und ganz gewiß an jedem neuen Tag."

Ich muß mich erst von dem Schrecken erholen und meine Stimme in die Gewalt bekommen, bevor ich Herbert herbeirufen kann. Gemeinsam lauschen wir den Strophen:

„Von guten Mächten still und treu umgeben,
behütet und getröstet wunderbar,
so will ich diese Tage mit euch leben
und mit euch gehen in ein neues Jahr.

Noch will das Alte unsre Herzen quälen,
noch drückt uns böser Tage schwere Last.
Ach Herr, gib unsern aufgescheuchten Seelen
das Heil, für das du uns bereitet hast.

Und reichst du uns den schweren Kelch, den bittern,
des Leids – gefüllt bis an den höchsten Rand,
so nehmen wir ihn dankbar ohne Zittern
aus deiner guten und geliebten Hand.

Wenn sich die Stille nun tief um uns breitet,
so laß uns hören jenen vollen Klang
der Welt, die unsichtbar sich um uns breitet,
all deiner Kinder hohen Lobgesang."

Oh, wie klar und deutlich spiegelt sich in diesen Worten unsere Situation! Nach einer kurzen Pause klingen uns eine Fülle von Neujahrswünschen entgegen – von Freunden und Bekannten, die über Silvester auf einer Freizeit im Sauerland sind. Eigentlich hatten wir geplant, auch dabei zu sein, aber es kam anders, und deshalb schenken sie uns nun dieses „Ständchen" zum Jahreswechsel und die Aussicht, im nächsten Jahr diese Zeit wieder gemeinsam zu verleben.
Als wir uns kurz darauf zum zweiten Mal in unser Bett kuscheln, sind wir freudig bewegt und wunderbar getröstet.
Lydia ist inzwischen fünfeinhalb Wochen alt, und sie liegt noch immer in der Kinderklinik. Nach meiner Entlassung aus dem Krankenhaus hatten wir zuerst gedacht, sie allerspätestens zu Weihnachten nach Hause holen zu können, aber es traten Komplikationen auf. In der ersten Woche ging es Lydia noch recht gut. Fast täglich fuhr ich für etwa zwei Stunden zu ihr. Meist nahmen mich mein Mann und Werner frühmorgens um 7 Uhr mit, wenn sie zur Arbeit nach Wuppertal fuhren. So kam ich gerade zur rechten Zeit, um Lydia zur ersten Mahlzeit des Tages zu stillen. Sie war vorher von den Schwestern gebadet und gewickelt worden und schlief erschöpft in ihrem Wärmebettchen, bis ich zur Stelle war. Wenn ich sie dann weckte, quiekte sie hungrig vor sich hin. Ich wickelte

sie in ein weiches Badetuch, machte es uns auf einem kleinen dreibeinigen Hocker, eingekeilt zwischen zwei Bettchen, so bequem wie möglich. Dann versank für das kleine Mädchen alles andere in die Unwichtigkeit: ruhig genießend saugte es die Milch. Lydia hatte sich sehr schnell wieder an die Brust gewöhnt, ja sie zeigte bei der Flaschennahrung, die ihr die Schwestern zu den übrigen Mahlzeiten gaben, häufig ihr Mißfallen. Sie mochte weder Sauger noch Nahrung und trank dann nur noch leidlich. Nach den an hygienischen Gesichtspunkten orientierten Klinikregeln durfte ich auch keine abgepumpte Muttermilch für Lydia mitbringen.
Nach der Mahlzeit schmusten wir ausgiebig, während ich auf die Stationsärztin wartete. Diese besprach dann mit mir Lydias Verhalten vom vergangenen Tag und die für diesen Tag vorgesehenen Untersuchungen. Nun wickelte ich unser Töchterchen neu und legte es, das wieder rechtschaffen müde war, zurück in sein warmes Glaskästchen. Danach fuhr ich nach Hause. An Tagen, an denen Lydia besonders schlecht trank, kam ich am Abend noch einmal zum Stillen und Schmusen. – Eigentlich ging alles recht gut, nur daß der Verband auf der Operationswunde ständig feucht wurde. Lydia lag stets auf dem Bauch, die Windel offen unter dem Pö'chen, so konnte die Feuchtigkeit von unten nicht bis in den Verband aufsteigen.
Also mußte es sich um ein Sekret aus der Wunde handeln. Eiter? Nein, es war eine helle, geruchslose, wäßrige Flüssigkeit. So blieb eigentlich nur eine Möglichkeit: Liquor! Das bedeutete, daß tief im Inneren der Wunde noch immer ein direkter Zugang zum Rückenmarkskanal bestand! Eine riesige Infektionsgefahr für das mit dem Rückenmark verbundene Gehirn! Die äußere Hautwunde war bis auf zwei kleine Stellen sehr gut verheilt, was bei solch einer großen offenen Spina bifida selten ist.
Nach einigen Tagen bestätigten die Ärzte meine Vermutung: der Verband wurde von Liquor feucht! Würde jetzt eine neue OP erforderlich, um die ‚undichte' Stelle direkt am Rückenmarkskanal zu verschließen? Aus der neuro-chirurgischen Klinik, in der Lydia operiert worden war, kam der Spezialist, er entschied: Wir versuchen es zuerst mit einem Druckverband.
Wieder hieß es warten – warten, ob der Liquorfluß unter dem Druckverband zum Stillstand kommen würde. Nach zwei Tagen sollte der Verband geöffnet werden. Nun, Geduld ist nicht unbedingt meine Stärke – und während meiner Besuche schaute ich

x-mal auf Mull und Pflaster, immer in der Angst, Anzeichen für Feuchtigkeit zu finden.
Und am zweiten Tag hatte der Liquor seinen Weg zum obersten Mulltupfer gefunden. Nach langen Beratungen beschlossen die Ärzte, noch einmal einen neuen Druckverband anzulegen; ein Wochenende stand bevor, und danach sollte endgültig über eine Wiederholung der Operation entschieden werden.
Aber es gab auch eine erfreuliche Entwicklung in diesen ersten Dezembertagen: Lydia bewegte ab und zu die Beinchen ein klein wenig. Das linke etwas stärker als das rechte. Ja, von Tag zu Tag konnten wir zuschauen, wie die Bewegungsmöglichkeit langsam von den Hüften bis in die Zehen wanderte! Wie jubelten wir, als sie zum ersten Mal mit einer der winzigen Zehen zuckte! Hoffnungen wurden wach. Mit dem spontanen Strampeln eines gesunden Säuglings waren diese Bewegungen allerdings nicht zu vergleichen. Immerhin bedeutete es aber, daß einige Nervenbahnen bedingt funktionsfähig sein mußten. Oft stand ich am Bettchen und schaute gebannt auf die Beinchen. Hatte es nicht gerade dort gezuckt und hier geruckt? Wenn Lydia auf der Seite lag, hob sie das linke Beinchen manchmal etwas an. Begeistert registrierten wir jeden halben Zentimeter. Wenn es im Zimmer schön warm war, legte ich unser Kind ab und zu auf die Wickelkommode, um dieses Schauspiel ganz aus der Nähe betrachten zu können.
Bei diesen Aktivitäten bohrte sich Lydias Köpfchen hart in die Unterlage – sie überstreckte den Hals mit aller Kraft nach hinten. Auch das gehört zum Krankheitsbild der Spina bifida, und es war ein Merkmal, das mich jedesmal erschauern ließ und mir wieder die Schwere der Behinderung ins Gedächtnis rief.
So wechselten ständig frohe und traurige Stunden. Wenn die Laborantin zu einer der häufigen Blutentnahmen kam, freute ich mich für Lydia, daß sie das Gepickse nicht spürte. Wenn ich den infolge der Lähmung klaffenden After sah, der die Darmschleimhaut hervortreten ließ, die wegen der Reizung häufig blutete, dann dachte ich an den Pflegeaufwand, den die Zukunft bringen würde. Ich konnte auch nie die Angst ganz abschütteln, daß sich im Inneren des Darmes, dort, wo es selbst die Ärzte noch nicht beurteilen konnten, mehr Unheil zusammenbraute. Eine Befürchtung, die sich zu unserer aller Erleichterung nicht bestätigte.
In diesen Tagen kamen Verwandte und Bekannte in die Klinik, um Lydia zu sehen. Ich zeigte ihnen dieses kleine Bündelchen Mensch,

eingehüllt in das große weiße Badetuch, nicht minder stolz, als ich vor drei Jahren Miriam vorgezeigt hatte. Lydia war eben das kleine Wesen, das neun Monate lang in mir gewachsen war.

Das Wochenende schlich sich dahin. Der Druckverband sah unauffällig aus. Lydia war lebhafter, etwas mißmutig. Und während meine Omi durch die Scheibe der Zimmertür ihr Urenkelchen photographierte, konnte ich meine Augen nicht mehr vor einem Symptom verschließen, das ich schon beim Stillen flüchtig wahrgenommen hatte: Lydia bekam einen Sonnenuntergangsblick! Das heißt, die Augäpfel sind so tief nach unten gedreht, daß über der farbigen Iris fast ständig das Weiße des Auges zu sehen ist. Die Ursache für dieses Phänomen ist ein erhöhter Druck im Gehirn, hervorgerufen durch den sich stauenden Liquor. Der Druckverband hatte also vollen Erfolg: der Rücken war vollständig verschlossen. Aber der Liquor verlor seine Abflußmöglichkeit! Bei Spina bifida-Kindern funktioniert häufig der normale Kreislauf des Gehirnwassers nicht, und der sich ständig vermehrende Liquor drückt auf die Gehirnzellen! Das war nun auch bei Lydia der Fall. Die Schwestern versuchten, meine Befürchtungen zu dämpfen – verständlich, solche schwerwiegenden Symptome durfte nur der Arzt bestätigen. Der diensthabende Arzt versprach, sich Lydia am Nachmittag noch anzusehen.

Da waren sie wieder, diese Gedanken, über die die Kinderkrankenschwester in mir den Kopf schüttelt, die die Mutter jedoch nur zur gerne stehen läßt: „Noch hat ja keiner etwas Konkretes *gesagt*, warum sollte es Lydia also schlechter gehen?" Wie sehr hatte ich Gott in den zwei Wochen seit Lydias erster OP angefleht, uns *das* zu ersparen! War die Lähmung nicht schon genug? Keinen Wasserkopf – bitte nicht auch *das* noch! Lydia sollte zu den 20% der Spina bifida-Kinder gehören, deren Liquorkreislauf normal funktionierte! Eine andere Möglichkeit wollte ich nicht! Wir sollten doch erfahren, daß Gott der Herr ist – also konnte er es doch einfach nicht zulassen, daß diese Komplikation *unser* Kind traf!

Auch als ich am Abend noch einmal in der Klinik anrief, konnten mir die Schwestern keine nähere Auskunft geben. Der Kopfumfang war noch nicht gemessen worden – oder sollte ich das Ergebnis nur nicht erfahren?

Am nächsten Morgen mußte ich Lydia schon bald nach der Mahlzeit wieder verlassen, da ich die beiden Großen früher als sonst abholen sollte; so teilte ich der Stationsärztin nur kurz meine Befürch-

tungen mit, konnte aber nicht warten, bis sie Lydia untersucht hatte. Wir vereinbarten, daß ich sie am Nachmittag anrufen würde.
Ich war kaum zu Hause angekommen, als das Telefon schrillte. Wie sehr erschrak ich, als ich die bedrückte Stimme der Ärztin vernahm! Sie rief an, um mir zu sagen, daß meine Beobachtung richtig waren: Das Sonnenuntergangsphänomen war deutlich, der Kopf gewachsen, sehr gewachsen. Die Ärztin war selbst betroffen, in welch kurzer Zeit sich Lydias Zustand verschlechtert hatte.

> „Fürchte dich nicht, sondern sei fröhlich und getrost; denn der Herr kann auch große Dinge tun."   Joel 2,21

Was sich in der nachfolgenden Woche abspielte, liest sich im Arztbericht an die weiterbehandelnden Ärzte so: „Wegen zunehmenden Kopfwachstums (von 32 cm am 23.11. auf 37,5 cm am 13.12.) wurde ein CTG[1] angefertigt, der Verdacht auf Hydrozephalus wurde bestätigt. Daraufhin wurde am 17.12. ein links-parietaler-ventrikulo-peritonealer Shunt[2] in der neuro-chirurgischen Klinik angelegt."
Hinter dieser nüchternen Darstellung verbirgt sich eine Zeit, die alle vorhergegangenen Perioden des Wartens weit in den Schatten stellt. Diesmal warteten wir auf einen Operationstermin für Lydia. Es war klar, daß sie so schnell wie irgendmöglich ein Ventil brauchte, das den ständig weiter ansteigenden Druck im Gehirn reduzierte.
Die Stationsärztin, der Oberarzt sowie der Chefarzt der Kinderklinik versuchten alles, diesen OP-Termin zu bekommen. Aber in der neuro-chirurgischen Klinik waren die OP-Säle auf Tage hinaus belegt. Andere Patienten warteten auch schon lange auf dringende OP's.
Für uns in der Kinderklinik, die wir Lydia wirklich leiden sahen, war es eine schier unerträgliche Situation. Tag um Tag stand ich an ihrem Bettchen und fragte: „Warum – oh, warum?" Da lag sie vor mir in ihrem Glaskästchen – schlaff, erschöpft, apathisch. Und

---

[1] Röntgenologische Darstellung der Größenverhältnisse von Hirnmasse zu den liquorführenden Bereichen innerhalb des Schädels.
[2] Einpflanzen eines Ventilsystems, das den Liquor aus dem Schädel in den Bauchraum ableitet.

dann wieder hektisch sich bewegend, schreiend; sie stieß mit den Armen um sich und bohrte den Kopf nur noch stärker nach hinten. Der Rücken war gespannt wie ein Flitzebogen. Die große Fontanelle wölbte sich unter der stark gespannten Kopfhaut. Der Kopf wuchs zusehends. Zuerst 1 cm pro Tag, dann 1/2 cm, was nicht auf eine Besserung hinwies, sondern aus der Relation des schon so sehr vergrößerten Kopfumfangs zu verstehen ist. Die Stirn, die bei der Geburt durch ihre zurückweichende Form aufgefallen war, schob sich von Tag zu Tag mehr vor. Das Sonnenuntergangsphänomen verstärkte sich enorm. Es war gespenstisch, dieses Kind anzusehen. Und immer wieder hieß es: „Vielleicht bekommen wir für morgen den OP-Termin." Und am nächsten Tag: „Es hat wieder nicht geklappt, es tut uns so leid."

Diesmal war ich wirklich wütend. Das konnte und wollte ich nicht verstehen: Warum mußte mein Kind *so* lange auf die rettende OP warten? Waren die anderen OP's denn wirklich dringender? Oder mußten wir warten, weil die Patienten aus der neuro-chirurgischen Klinik „Vortritt" haben? Ich flehte und drängte und war von Mal zu Mal entsetzter: das durfte doch einfach nicht wahr sein!

Gott konnte so viele Türen öffnen. Warum öffnete er nicht die Türen zum OP-Saal?

Dann wurde die Möglichkeit einer Fontanellenpunktion in Betracht gezogen: dabei würde durch das Anstechen der großen Fontanelle, dort, wo zwischen den Schädelknochen eine ‚Lücke' ist, Liquor abgesaugt, und damit der Druck auf das Gehirn vorübergehend verringert. Aber das Risiko von Entzündungen und Blutungen ist bei dieser Maßnahme sehr hoch. Trotzdem war ich dafür. Es sollte alles geschehen, was den Gehirnzellen Erleichterung verschaffen würde. Aber die Ärzte befanden, das Risiko sei zu hoch. Wir warteten also weiter.

Einen Trost gab es auch in diesen Tagen: Lydia trank weiterhin sehr gut an der Brust. Bei Kindern mit Hirnschäden tritt als häufiges Symptom eine Trinkunlust oder -schwäche auf. Oder die Kinder sind einfach zu hektisch, um sich auf das Saugen an der Brust zu konzentrieren. Lydia trank gut bei mir. Aber das war auch das einzig Positive. Und vor jedem Stillen zögerte ich länger, in der Angst, daß es nun so weit war, daß sie nicht mehr gut trinken würde. Auch die Schwestern und die Ärztin beobachteten das Anlegen zum Stillen gebannt und wendeten sich danach, wenn Lydia gleichmäßig nukkelte, ein wenig erleichtert ab.

Ein ganz besonderes Geschenk für uns war und ist diese Stationsärztin. Während meiner Zeit als Kinderkrankenschwester habe ich in den Krankenhäusern nur ganz wenige Menschen getroffen, die mit solch einer inneren Teilnahme den Eltern zur Seite standen.
Oft habe ich gespürt, wie es ihr, die sicher nicht viel älter ist als ich, schwer fiel, einen verschlechterten Befund anzunehmen.
Wenn sie uns solche Untersuchungsergebnisse mitteilte, dann schwang in ihrer Stimme eine Betroffenheit mit, die mir in ihrer Anteilnahme in der traurigen Botschaft zugleich Trost vermittelte. Und ich erlebte, wie sie dann nichts unversucht ließ, zu helfen, zu ändern. Sie war uns auf ganz besondere Weise in diesen schweren Tagen ein Partner im Kampf für unser Kind. Was mir am meisten half, war, daß sie selbst im dicksten Stationstrubel einen Augenblick Zeit für ein Lächeln und ein paar aufmunternde Worte hatte, und daß sie stets zu einem Gespräch bereit war. Sie wich keiner Frage aus. Und ich habe sie wirklich ‚gelöchert'!
Ich bin ihr sehr dankbar dafür, daß sie mir in diesen Tagen immer wieder den Weg zu meinem Kind zeigte, wenn ich nur noch Symptome und medizinische Prognosen sah. Und ich bin Gott dankbar, daß er diese Ärztin gerade zu dem Zeitpunkt an diesen Platz stellte, als ich in dieser Klinik solch einen Menschen brauchte.
Alles in mir war ein großes Aufbäumen: ich wollte kein hirngeschädigtes Kind, kein geistig behindertes Kind! Nein, nein, nein und nochmals nein!!!
Unsere Freunde, Bekannten und Verwandten verhalfen der Deutschen Bundespost sicher zu unerwartetem Reichtum, sie wählten sich die Finger wund, um sich gegenseitig über den neuesten Tagesbericht von Lydia zu informieren und um uns Trost zuzusprechen. Manchmal frage ich mich, ob sie überhaupt noch ihre Arbeit erledigen konnten, vor lauter Telefonieren und Beten. Viele fühlten intensiv mit uns. Manche kamen auch, um Lydia zu sehen in die Klinik - und alle waren sich einig: „Ihr habt eine *ganz* süße Tochter!"
Aber wenn ich dann im Krankenzimmer stand und dieses abwechselnd apathische und hektische Wesen in den Armen hielt, dann spürte ich oft voller Entsetzen, wie mir jede Verbindung zu meiner kleinen Tochter aus den Händen glitt. Dieses Kind, das sich schreiend von mir wegbäumte oder schlaff vor meinem Bauch hing, das kaum noch auf meine Stimme reagierte, der es vor dem Druckanstieg andächtig gelauscht hatte, dessen Augen ziellos umherirrten, – mit nichts konnte ich sie zum Fixieren zwingen –, dieses sollte

mein Kind sein? Mit dem ich noch bis vor wenigen Wochen in der Schwangerschaft so intensiv verbunden war? Nein, das konnte, das durfte nicht sein! Und genausowenig durfte es passieren, daß ich an unserer Zusammengehörigkeit zweifelte! Ich riß mich Tag für Tag zusammen, wenn ich das Krankenzimmer betrat, – und war oftmals froh, nach ein paar Stunden diesem elenden Zustand entfliehen zu können. Und doch zog es mich immer wieder hin zu ihr.
Dann war es endlich soweit: Sieben Tage, nachdem die Ärztin mich angerufen hatte, um mir den Anstieg des Hirndruckes zu bestätigen, wurde Lydia operiert. Unter die Kopfhaut, schräg oberhalb hinter dem rechten Ohr, wurde eine kleine Pumpe eingesetzt, von der ein dünner Schlauch (Katheter) durch ein kleines Loch, das in den Schädelknochen gebohrt wurde, durch das Gehirngewebe zu den Liquorräumen führt. Ein anderer Katheter wurde unter der Haut von der Pumpe aus am Hals abwärts, quer über die Brust bis unterhalb des Bauchnabels und dort ins Innere des Bauchraumes gelegt. Durch den erhöhten Liquordruck öffnet sich nun ein in diesem System befindliches Ventil, und der überflüssige Liquor kann in den Bauchraum abfließen und dort ohne Schwierigkeiten vom Gewebe aufgenommen werden.
Diese Ventilsysteme sind zwar für mancherlei Störungen anfällig, auch ist die Gefahr von Entzündungen nicht gering, aber ohne solch eine Liquorableitung würden die betroffenen Kinder dahinsiechen, mit ins Unermeßliche wachsenden Köpfen, unter Krämpfen und großen Leiden. Das Ventil hingegen schafft eine gute Grundlage für eine weitgehend normale Entwicklung.
Seitdem sind nun schon zwei Wochen vergangen. Lydia hat sich recht schnell und gut von der OP erholt. Wir hatten schon damit gerechnet, sie zu Weihnachten nach Hause holen zu können, aber die Ärzte zögern noch, sie aus der Hand zu geben. Das Ventil funktioniert nicht so, wie es eigentlich soll. Also heißt die ärztliche Anweisung: beobachten und abwarten.
Die Ungewißheit zehrt an meinen Nerven, ich bin ständig müde und ungeduldig. Für Miriam und Susanne sind diese Wochen auch nicht leicht. Täglich sind sie, während ich in der Klinik bin, etwa fünf Stunden in den anderen Familien.
Wie lange wird das tägliche Pendeln zwischen Wuppertal und Wülfrath noch anhalten? Während der etwa 25 Minuten, die wir frühmorgens mit dem Auto bis zur Klinik brauchen, döse ich vor mich hin, wobei ich oft nicht weiß, welche Sehnsucht größer ist:

die nach Lydia oder die nach meinem Bett ... Aber auf dem Weg durch das große Klinikgelände weckt und erfrischt mich dann die kalte Winterluft. Manchmal bleiben wir auf der Hinfahrt in einem Stau des Berufsverkehrs stecken. Wenn ich dann endlich bei Lydia ankomme, ist sie bereits von den Schwestern gefüttert worden, und nicht immer kann ich bis zur nächsten Mahlzeit bei ihr bleiben. So ist der Weg stets auch von der Spannung erfüllt, ob wir es zum Stillen rechtzeitig schaffen werden.

Im Krankenzimmer machen mir dann die warme Luft und der unbequeme kleine Hocker am stärksten zu schaffen. Seit ich mir in der ersten Schwangerschaft das Steißbein verrenkt habe, kann ich nicht gut lange sitzen. Vor allem nicht auf harten Stühlen. Doch dieses Höckerchen läßt mir jeden Stuhl wie eine Erholung für meine „vier Buchstaben" erscheinen. Nun, ab und zu entdeckt eine aufmerksame Schwester einen freien Sessel im Schwesternzimmer und bietet ihn mir zum Stillen an! Aber trotzdem bin ich glücklich über jede Möglichkeit, Lydia zu stillen. An manchen Tagen sind dies die einzigen Minuten, an denen sie ruhig, ausgeglichen und entspannt ist – weder hektisch noch apathisch.

Die schönste Stillzeit haben wir am Abend nach der Ventiloperation erlebt. Am späten Nachmittag sagte mir die Ärztin am Telefon, daß es Lydia sehr gut ginge und sie am Abend ihre erste Flüssigkeit zu trinken bekommen dürfe. Also fuhr ich in die Klinik. Lydia lag noch an der Tropfinfusion, über die sie mit Medikamenten, Nährstoffen und Flüssigkeit versorgt wurde. Normalerweise wird die Infusion bei so kleinen Säuglingen am Kopf angelegt, dort sind die Blutgefäße sicherer zu treffen und auch die Befestigungsmöglichkeiten sind besser. Da der Kopf bei Lydia Operationsgebiet war, schied dies aus. Also lag Lydia's Infusionsnadel im Arm. Es ist äußerst schwierig, einen Babyarm so zu fixieren, daß die Infusion hält. Jede Bewegung des Arms kann die Infusionskanüle in ihrer Lage verändern: Sie rutscht aus der Vene heraus oder verstopft an der Venenwand. Dann wird das Anlegen einer neuen Leitung notwendig. Bei einem speckigen Babyarm wirklich kein Vergnügen für Kind, Arzt und Schwester.

Deshalb war ich überrascht und sehr glücklich, als die Schwestern mir anboten, es mit dem Stillen trotzdem zu versuchen. Zu zweit hoben wir Lydia aus ihrem Glaskästchen heraus und hofften sehnlichst, daß der Verbindungsschlauch vom Infusionsgerät zum Kind lang genug sei, um durch das Bett bis zum Hocker zu reichen. Zuerst schoben wir das Tischchen mit der Babywaage neben Lydia's Bett, um sie wie immer, vor und nach dem Anlegen zur Ermittlung der Trinkmenge wiegen zu können. Das Wiegen gelang so auch recht gut. Da Lydia an der rechten Kopfseite operiert war, mußte ich sie so legen, daß sie von links trinken konnte, was sich bei der zweiten Brust etwas schwierig gestaltete, aber es funktionierte. Als ich noch im Krankenhaus Dienst tat, hatte ich gerne ‚getüftelt', um Kindern oder Schwestern irgendetwas zu erleichtern, aber daß es möglich sein sollte, einen frisch operierten Säugling mit Infusion und Armschiene zu stillen, das hätte ich nicht gedacht! Als ich spät am Abend nach Hause fuhr, jubelte alles in mir: Lydia war endlich operiert, sie hatte es gut überstanden und sie hatte gut bei mir getrunken! Wenn das kein Grund zum Jubeln und Danken war! Unsere Freunde und Bekannten jubelten mit uns! Für's erste konnten wir aufatmen.

Tja, und nun ist noch immer nicht abzusehen, wie es weitergehen wird. Eigentlich war ich ziemlich deprimiert in den letzten Tagen, und erst dieses Lied unserer Freunde hat mir wieder die einzig hilfreiche Blickrichtung gezeigt.

Neben der Ungewißheit über Lydia's Zustand fallen mir die langen Fahrten mit den öffentlichen Verkehrsmitteln besonders schwer. Vor dem Krankenhaus fahren Straßenbahnen ab, nach 3 Stationen heißt es dann umsteigen in die Schwebebahn, die mich in etwa 20 Minuten in den Westen der Stadt bringt. Dort wartet ein Bus (oder auch nicht), mit dem es entweder direkt nach Wülfrath geht oder, je nach Fahrplan, mit 1-2 Unterbrechungen zum Umsteigen in Anschlußlinien. Also verbringe ich häufig meine Zeit mit Füßewarmtreten an leeren Haltestellen. Aber vielleicht sind dies auch kleine, verordnete Ruhepausen für mich? Manches in der Klinik Erlebte läßt sich so besser überdenken als später zu Hause in der Gesellschaft zweier „Plappermäulchen".

Das gleichmäßige Rattern der Straßenbahn, das Schaukeln der Schwebebahn und das Rollen des Busses schläfern mich regelmäßig ein, so daß ich sogar auf einem Stehplatz in einen Dämmerzustand versinke.

Nach Miriams Geburt habe ich während der Wochenbettzeit regelmäßig ein Mittagsschläfchen gehalten. Wenn ich mal einen Tag nicht dazu kam, blieb gleich die Milch weg! Wie froh und dankbar bin ich, daß diesmal meine Milchproduktion weitgehend immun gegen Störungen von außen ist!

Nach knapp anderthalbstündiger Heimfahrt in Wülfrath angekommen, so zwischen 12 und 14 Uhr, gibt es erst mal großes Berichten über das Tagesbefinden unseres Babys in beiden Gastfamilien unserer Kinder. Danach ruhe ich mich aus, während Miriam spielt und Susanne einen Mittagsschlaf hält. Am Nachmittag versuche ich, die beiden „Großen" ein wenig dafür zu entschädigen, daß wir in diesen Wochen so wenig Zeit für sie haben. Wir spielen und erzählen. Zweimal haben wir Adventsschmuck gebastelt, mehrmals Weihnachtsplätzchen gebacken — wobei die Küche und die Kinderkleidung wesentlich mehr Mehl abbekommen haben als der Knetteig. Zu guter Letzt gab es Streit und Tränen und ich bezweifelte den Wert solcher zusätzlichen Ausnahmesituationen. Nun, beim Weihnachtsbaumschmücken mit Papa waren sie sich wieder einig. Und die Weihnachtstage verliefen ruhig und erholsam. Da am 1. Feiertag die Busse erst sehr spät und auch nur spärlich fuhren, habe ich mir einen Tag Klinikpause gegönnt. Er bekam mir so gut, daß ich ihn nun an fast jedem Wochenende einlege.

Für den Haushalt bleibt verständlicherweise fast keine Zeit mehr übrig. Aber Herbert und ich sind uns einig, daß die Kinder, jetzt besonders Lydia, wichtiger sind. Und zudem war mein Mann in unserem Bekanntenkreis schon immer dafür bekannt, daß er bei der Hausarbeit bereitwillig Hand anlegt. Und wenn Lydia erst mal zu Hause ist, werde ich sicher mehr Zeit und Kraft haben und alle liegengebliebene Arbeit nachholen können. Insgesamt ist es mir ein wirkliches Geschenk, daß mir immer die Kraft zufließt, die ich gerade brauche. Nicht im voraus, oh nein, es wird mir jeden Tag deutlich, daß ich diese Zeit allein nicht durchstehen würde. Aber wenn ich Gott bitte, hält er alles für mich bereit: körperliche Energien oder seelische Widerstandskraft. Und wir wissen uns geborgen in den Gebeten von Verwandten, Freunden und Bekannten.

In diesen Tagen ruft eine Tante von mir an, die an unserem Erleben herzlich Anteil nimmt. Noch Wochen später freue ich mich über dieses Gespräch mit ihr, es vermittelte mir Kraft, Mut, Trost und — Dankbarkeit. Sie greift ein Thema auf, das bisher gar nicht in meinen Gedanken aufgetaucht war, indem sie fragt — und ich spüre, daß es ihr eine wirkliche, bange Frage ist —, ob mein Mann zu mir und dem Neugeborenen hält?

Aber natürlich! Schließlich ist es doch unser gemeinsames Kind! Herbert ist ebenso Lydias Vater, wie ich ihre Mutter bin! Wo gäbe es da eine Begründung, daß der Mann sich in irgendeiner Weise von der übrigen Familie entfernen sollte? Und außerdem: Wir sind ein *Ehepaar!* Mit welcher Rechtfertigung könnte einer der Partner den anderen mit einer gemeinsam auferlegten Last im Stich lassen? Nun, meine Tante ist Diakonisse und hat als Gemeindeschwester an manchem Lebensweg teilgenommen – sie öffnet mir den Blick dafür, daß es eben nicht die Regel ist, als Ehepaar gemeinsam ein behindertes Kind zu tragen; und sie lehrt mich, in neuer Dankbarkeit auf das Geschenk unserer Ehe zu sehen.

> *"Selig sind, die da Leid tragen, denn sie sollen getröstet werden."* Matthäus 5,4

Da fällt mir ein Telefongespräch mit meinem Schwager ein – es war wohl am Abend nach meiner Klinikentlassung. Er sagte: „Wie lieb muß Gott euch haben, daß Er es euch zutraut, euch solch ein Kind zu schenken!" Im ersten Augenblick war ich richtig erschrocken. Das hörte sich ja richtig nach Neid an – Neid auf eine Situation, an der wir so viel zu schlucken hatten! Er merkte wohl meine Bestürzung. „Laß mich dir das erklären," bat er. „Weißt du, wem Gott eine besondere Last auflegt, den bereitet Er auch in besonderer Weise darauf vor, und für den hält Er auch noch andere notwendige Zuwendungen bereit. Ich glaube, daß ihr sehr intensiv Gottes Nähe erleben werdet. Und deswegen meine ich – auch wenn sich das, menschlich gesehen, herzlos anhört –, daß ihr euch darüber freuen dürft, daß Gott euch für wert achtet, euch dieses Geschenk zu machen." Ja, vor Gott gelten andere Maßstäbe – und ich beginne zu begreifen, daß Gottes Maßstäbe die wirklich guten sind.

Post zu erhalten, war schon immer eine Freude für mich. Aber die Briefberge, die der Postbote seit Lydias Geburt anschleppt, übertreffen sogar die Glückwunschkarten zu unserer Hochzeit. Wieviel Mitempfinden spricht aus den Zeilen! Es zeigt uns, daß wir nicht allein stehen. Welch ein Trost sind uns die sorgsam ausgewählten Karten und Bibelverse. Wie persönlich ist der Zuspruch gehalten! Oft nehme ich mir den Stapel der Briefe und Karten vor und spüre beim Schauen und Lesen erneut die Kraft, die Gott mir schenken will. Da gibt es viele Grüße mit Steigerwald-Motiven: starke Hände, die behutsam ein Kind umgeben – die Botschaft, daß Lydia von Gott gehalten wird, und wir mit ihr.

Die liebevollen Ideen, um uns eine Freude zu bereiten, sind manchmal so ausgefallen, daß aus ihnen in ganz besonderer Weise die Anteilnahme spricht. Da kommt zum Beispiel ein entsetzlich quietschender, zitronengelber Elefant angereist: als großer, starker Freund für ein kleines, zartes Baby. Den Zettel, der uns vor diesen Tönen warnen sollte, fanden wir erst nach dem ohrenbetäubenden Schrecken. – Die Dame, bei der ich zur Schwangerschaftsgymnastik gegangen bin, bittet darum, uns diesmal keine Rechnung dafür schicken zu dürfen – eine Geste, die uns darum nahe geht, weil sie spürbar von Herzen kommt. Ein Erziehungsberater, mit dem wir über die schwierige Situation unseres Pflegekindes gesprochen hatten, und in dessen Beratungsstelle Wartezeiten von 3-4 Monaten die Regel sind, schickte uns einen herzlichen Brief mit dem Versprechen, immer auch für uns da zu sein, wenn wegen Lydias Behinderung Schwierigkeiten in der Erziehung der Kinder auftreten sollten.
Menschen, zu denen wir bisher nur flüchtigen Kontakt hatten, schreiben in einer Herzlichkeit, die uns überrascht und in ihrer Wärme Geborgenheit schenkt.

Auf einer Karte steht:
„Gott kann aus der kleinen Lydia einen rechten Segensträger machen." – Ja, wir erleben schon jetzt voller Erstaunen, wie unser Kind zu einem Zeugnis für Gottes Handeln wird. In der Nachbarschaft und im Bekanntenkreis merken Menschen auf und fragen nach der Quelle der Kraft, die uns in dieser Zeit trägt.

Es bekümmert mich, daß es mir schwerfällt, meinen Glauben in ausgesprochene Worte zu fassen. Beim Schreiben gehen sie mir leichter von der Hand, doch die Freunde im Haus sind unser Mund. Einigen Menschen ist Lydia eine Hilfe, weil sie nun ihre eigenen Schwierigkeiten in einem neuen Licht sehen – die Maßstäbe verändern sich.
Zwei Worte sind mir so wichtig geworden, daß sie ihren Platz in der Wickeltischschublade unter Hemdchen und Jäckchen gefunden haben, wo sie immer griffbereit sind:

>„Am Anfang und Ende deines Tages,
>deiner Schwierigkeiten,
>deines ganzen Lebens

steht ER, der Lebendige.
ER hat das erste,
aber auch das letzte Wort.
Seine Gaben kommen oft
in rauher Hülle zu uns,
aber sie sind von zarter Liebe
und unendlicher Fürsorge ausgewählt –
auch heute,
auch für dich!

Gottes ewige Weisheit
hat von Ewigkeit her das Kreuz ersehen,
das ER dir als ein kostbares Geschenk
aus Seinem Herzen gibt.
ER hat dieses Kreuz,
bevor ER es dir schickte,
mit Seinen allwissenden Augen betrachtet,
es durchdacht mit Seinem göttlichen Verstand,
es gegrüßt mit Seiner weisen Gerechtigkeit,
mit liebenden Armen es durchwärmt,
es gemessen und gewogen,
ob es nicht einen Millimeter zu groß
und ein Milligramm zu schwer sei –
Und ER hat es gesegnet in seinem allheiligen Namen,
mit Seiner Gnade es durchsalbt
und mit Seinem Troste es durchflutet.

Und dann noch einmal auf dich
und deinen Mut geblickt –
und so kommt es schließlich
aus dem Himmel zu dir
als ein Gruß Gottes an dich,
als ein Almosen der allbarmherzigen Liebe.

(Franz von Sales)

Diese letzten Verse hatte mir vor Jahren mein inzwischen verstorbener Vater gegeben, nun kommen sie in neuer, tieferer Bedeutung wieder zu mir.
„Oh Gott, wie froh machst Du mich – ich danke Dir für diese Menschen, die mir Boten Deiner Liebe sind und durch die Du mir Kraft, Trost und Hoffnung schenkst!"

Die ersten Tage des neuen Jahres bringen für Lydia eine Menge Untersuchungen. Jetzt, wo sie sich weitgehend von der letzten OP erholt hat, muß die künftige Behandlung abgeklärt werden. Die Lähmung in der unteren Körperhälfte betrifft in besonderer Stärke Blase und Enddarm. Durch Muskelkraft, also mit aktivem Pressen, kann Lydia ihren Darm nicht entleeren, aber bei den weichen Muttermilchstühlen ist das für's erste kein Problem.
Schwieriger stellt sich die Situation der Harnblase dar: der muskulösen Blasenwand fehlt die Nervenversorgung, dadurch ist sie völlig schlaff – der äußere Schließmuskel, der die Verbindung zur Harnröhre herstellt, ist jedoch extrem stark. So füllt sich die Blase prall mit dem von den Nieren kommenden Urin; erst wenn ein starker Druck auf den Schließmuskel einwirkt, öffnet dieser sich etwas und läßt ein wenig Urin abgehen – Richtung Windel. Die Hauptmenge bleibt jedoch in der Blase, wo sie sich zurück zu den Nieren stauen kann, was für diese sehr gefährlich ist, zumal der Urin einen idealen Nährboden für Keime abgibt. Das ganze nennt sich sinniger Weise ‚Überlaufblase'.
Bis zu Lydias Entlassung übe ich nun täglich das Beklopfen und Ausdrücken der Blase. Ersteres bewirkt bei manchen Kindern, daß sich in den Nervenbahnen ein Reflexbogen bildet, durch den eine spontane Entleerung der Blase ermöglicht wird, unter Umgehung der defekten Nervenbereiche im Rückenmark. Das Ausdrücken geschieht, indem ich mit der Außenkante meiner Hand auf Lydias Unterleib den Stand der Blase ertaste und diese langsam nach unten ausdrücke. Da Lydia in diesem Bereich ja nichts spürt und die Muskeln dort ganz schlaff sind, geht dies relativ leicht. Aber Herbert ist schon beim Zuschauen entsetzt.
Inzwischen ist Lydia auch gegen Tuberkulose geimpft worden. Und zum ersten Mal begegnete uns die Frage, welches Risiko größer ist: daß Lydia auf die Impfung nicht normal reagiert, sondern infolge einer eventuell vorhandenen Hirnschädigung größere Komplikationen auftreten, oder die Gefahr, sie einer späteren Infektion und somit einer schweren Erkrankung auszusetzen. Den BCG-Impfstoff hat sie gut vertragen – aber die Frage des erhöhten Risikos wird sich vor jeder weiteren Impfung neu stellen.
Der Tag der Entlassung rückt spürbar näher! Die Ärzte mögen sich noch immer nicht so recht von Lydia trennen, weil das Ventil nicht einwandfrei funktioniert. Aber zu einer neuen OP können sie sich auch nicht entschließen. Langsam werde ich ungeduldig. Beob-

achten kann ich mein Kind auch zu Hause, und zu notwendigen Untersuchungen komme ich gerne ambulant in die Klinik.
Doch bevor sich die Stationsärztin auf einen Termin festlegt, überreicht sie mir ein Merkblatt über die Krankheitsbilder ‚Spina bifida' und ‚Hydrozephalus'. Ich lese es auf dem Heimweg. Es umfaßt 8 DIN A4 Seiten und eine äußerst umfassende Darstellung aller möglichen Komplikationen. Das ist ein deftiger Schock. Ich dachte, ich sei informiert – aber wenn auch nur die Hälfte von den hier aufgezeigten Problemen bei unserer Lydia auftreten, erscheint mir das Leben mit ihnen kaum zu bewältigen zu sein.
Da ist die Rede von orthopädischen Problemen; Muskelschwächen, Neigung zu Knochenbrüchen, Verformungen der gelähmten Glieder, Verkrümmungen der Wirbelsäule, intensiver Krankengymnastik, Operationen; von der Versorgung mit Apparaten zum Gehen und Stehen, dadurch erforderlichen Krankenhausaufenthalten; Gefühls- und Durchblutungsstörungen...
Wenn ich doch erst zu Hause wäre und mich mit diesen entsetzlichen Informationen irgendwo verkriechen könnte!

Für die Entscheidung, wann Lydia aus der Klinik entlassen werden soll, wird sie noch einmal sehr gründlich untersucht. Ich schaue dabei zu. Die Ärztin kommentiert die einzelnen Handgriffe – alles sieht so weit ganz gut aus.
Kurz sprechen wir auch über eine Mißbildung an Lydias Füßchen: der 2. und 3. Zeh sind jeweils in ihrem untersten Glied miteinander verwachsen und stehen etwas höher als die restlichen Zehen. Außer vom ästhetischen Gesichtspunkt her ist dies aber unbedeutend – halt eine kleine Besonderheit.
Plötzlich läßt mich ein Nebensatz aufschrecken: „..., das Herzgeräusch wird wohl schwächer, ..." Herzgeräusch? Habe ich richtig gehört? Herzgeräusch – Herzfehler! *Herzfehler!*
„Aber davon war doch bisher nie die Rede!?" Ich glaube, es tut der Ärztin leid, daß ihr diese Bemerkung ‚herausgerutscht' ist. „Ja, ich weiß, sehen Sie, es ist nur ein leichtes, leises Geräusch über dem Herzen, es war von Anfang an da, aber klinisch hat Ihre Tochter keine Anzeichen für einen Herzfehler; es kommt schon mal vor, daß Neugeborene ein leichtes Herzgeräusch haben, das sich aber bald verliert. Wir werden es bei Lydia weiterhin kontrollieren, um die Art des Herzfehlers festzustellen. Aber bis auf kleinere Probleme während der Operationen war Lydias Herzfunktion bisher unauf-

fällig. Es könnte sich um ein Loch in einer Herzscheidewand handeln, das im Begriff ist, sich zu schließen. Aber machen Sie sich mal keine allzu großen Sorgen deswegen!"
Ein Herzfehler! Lydia!
Was wird sich daraus entwickeln? Und waren die Unregelmäßigkeiten während der OP's wirklich so unbedeutend?
Gerade noch dachten wir, nun ist alles gut. Lydia wird bald zu Hause sein – und dann ist da plötzlich dieser Herzfehler, diese Ungewißheit!

Lydia soll Montag entlassen werden! Heute ist Donnerstag. – Warum erst Montag? – Was soll Lydia denn über das Wochenende in der Klinik? Jetzt ist meine Geduld zu Ende! Freitag, also morgen! Oder eine stichhaltige Begründung für Montag! Plötzlich ist mir die Trennung von Lydia unerträglich.
Es geht wirklich! Am Freitag ist noch eine weitere Untersuchung der Blase, aber am Samstagvormittag, dem 5.1.1980, darf Lydia nach Hause! Die ganze Familie, einschließlich Verwandten- und Bekanntenkreis, sind schier aus dem Häuschen!
So sitzen Herbert und ich im Arztzimmer zum Abschlußgespräch. Herbert hat Lydia im Arm, dieses kleine, quietschende Wesen. Die Ärztin beantwortet alle unsere Fragen zu dem Merkblatt – plötzlich sieht alles gar nicht mehr so schlimm aus. Vieles ist schon deshalb leichter zu tragen, weil wir Lydia nun ganz bei uns haben werden. Das Ausdrücken der Blase, das ich inzwischen ja häufig geübt habe, soll alle 4 Stunden erfolgen, rund um die Uhr. „Auch nachts?"..."Ja, auch nachts – regelmäßig." Dann folgen Anweisungen für die weitere Behandlung, Untersuchungstermine, ärztliche Kontrollen und vieles mehr.
Oh, wie freue ich mich, daß die Klinikzeit nun für uns alle vorbei ist! Ich bin sehr zuversichtlich, daß zu Hause alles gut läuft und Lydia in der Familie nachholen wird, was sie bisher versäumt hat.
Und das Ventil? Es funktioniert doch ausreichend, wenn auch nicht zur vollen Zufriedenheit der Ärzte. Aber es geht Lydia bedeutend besser als vor der OP! Es *muß* unserem Kind jetzt einfach gut gehen!
Strahlend kommen wir zu Hause an, die erste Hürde in Lydias Leben ist genommen! Nun wird es weitergehen, wir sind zusammen.

„Solche Trübsal aber ließ Gott über ihn kommen,
daß die Nachkommen ein Beispiel der Geduld hätten,
wie an dem heiligen Hiob." Tobias 2,12

Wir sind voller Hoffnung für die Zukunft. Befreit von der täglichen Gegenwart der Kliniksituation, erfüllt uns jetzt frischer Mut, das gemeinsame Leben mit Lydia positiv zu gestalten.
Das Wochenende lang ruhen wir aus, staunen über unseren Zuwachs und genießen das Beisammensein mit Miriam und Lydia. Susanne ist zu einem Besuchswochenende bei ihren Eltern – wie regelmäßig einmal im Monat. Nachts lauschen wir auf die quietschenden Töne aus dem Babyzimmer. Wie neu ist doch alles wieder – da bestimmt solch ein winziges Menschlein den Tagesablauf der gesamten Familie! Aber wie froh sind wir darüber! Miriam schaut gebannt bei allem zu, was ich mit „Lüa", wie sie sagt, mache. Sie wankt ständig zwischen dem Stolz schon „groß" zu sein, und dem Wunsch, doch auch noch „Baby" sein zu dürfen.
In den vergangenen Wochen hatte ich voller Sehnsucht an den Tag gedacht, der die Pendelfahrten zwischen der Klinik und Wülfrath beenden würde. Die Ernüchterung folgt nun prompt: Lydia braucht jetzt rund um die Uhr *meine* Betreuung. Ihre Bedürfnisse richten sich nicht nach meiner Planung oder gar nach meinem Wunsch auf Schlaf. Etwas erstaunt stehen wir zwischen unserer Vorstellung, mit Lydias Entlassung wieder Normalität in den Alltag zu bekommen, und der Realität, daß für die Eltern eines Säuglings über einige Zeit „Feierabend" ein Fremdwort ist. Und doch: ein Blick auf das konzentriert saugende Kind, das sich auf der Suche nach Geborgenheit an mich schmiegt, entschädigt uns für alle Unbequemlichkeiten. Wie dankbar sind wir, dieses Kind behalten zu dürfen!
Die folgende Woche ist vollgestopft mit Terminen. Nun, da Lydia aus der Klinik ist, muß ihre weitere ärztliche Versorgung gewährleistet sein. Also stelle ich sie zuerst einmal unserem Kinderarzt vor, der alles weitere koordinieren wird. Er hat große Bedenken wegen der Ventilfunktion, aber vorerst werden wir abwarten müssen, ob sich Lydias Befinden verschlechtert und Symptome für ein Ventilversagen auftreten. Diese Symptome können sein:
– eine erhöhte Fontanellenspannung
– eine verstärkte Venenzeichnung am Kopf
– ein Klaffen der Schädelnähte
– ein übermäßiges Kopfwachstum

(wir werden eine Kurve führen, in die wöchentlich Lydias Kopfumfang eingetragen wird und auf der anhand von Hilfslinien das Abweichen des Kopfwachstums vom Normalen abgelesen werden kann)
— das Sonnenuntergangsphänomen
— plötzliches starkes Schielen
— Gleichgewichtsstörungen
aber auch:
— nüchtern Erbrechen
— starke Unruhe oder
— Apathie, Schläfrigkeit
— Weinerlichkeit über mehrere Tage.
Werden wir *das* alles beachten können? Wird es uns im entscheidenden Augenblick auffallen? Wird unser Alltag nur noch aus der Suche nach Überdrucksymptomen bestehen?
Oh, und da gibt es ja noch weitere Gefahren: Entzündungen am Ventilsystem — mit den Folgen von Hirnhaut- und Hirngewebeentzündung!
Blitzschnell laufen all diese Symptome durch meine Gedanken — aber schon wird meine Aufmerksamkeit von etwas anderem beansprucht: Kritisch betrachtet der Arzt Lydias Köpfchen. Es ist nicht zu übersehen, Gesicht und Schädel zeigen eine starke Asymmetrie. Dies wird optisch noch dadurch verstärkt, daß die rechte Kopfseite für die OP ja rasiert wurde und nun kahl ist, während sich links recht lange Haare wuscheln. Nach der Ventil-Operation hatte Lydia tagelang nur auf einer Seite gelegen, um die frische Wunde zu schonen; die weichen Knochen, die zudem durch den absinkenden Druck im Schädel entlastet wurden, paßten sich dieser Lagerung schnell an. Nun ist die rechte Gesichtshälfte auffallend kleiner als die linke. Da der Körper die Tendenz hat, solch eine Asymmetrie an die Wirbelsäule weiterzugeben, ist es enorm wichtig, mit gezielten krankengymnastischen Übungen und regelmäßigem Wechsel von Bauch- und Seitenlage dagegen anzugehen.
Der nächste Besuch gilt unserer Augenärztin, sie hatte sich schon im Dezember telefonisch nach Lydia erkundigt und freut sich nun, daß ich ihr die neue Patientin zeige. Regelmäßige Kontrollen des Augenhintergrundes sind für Kinder mit einem Hydrozephalus wichtig, denn bei einem Druckanstieg innerhalb des Gehirns können sich hier deutliche Auswirkungen zeigen. So werde ich mit Lydia vorerst alle vier Wochen diese Ärztin aufsuchen.

Eine besondere Freude macht mir mein Gynäkologe, den ich zur Nachuntersuchung aufsuche. Als er erfährt, daß Lydia im Wartezimmer ist, springt er auf und läßt mich etwas verdutzt allein. Aber nach einigen Minuten ist er wieder da und verkündet strahlend: „Na, das haben wir ja prächtig hingekriegt – ich habe mir Ihren Schatz angesehen – Ihr Kind hat sich ja prima entwickelt!" Er spricht dann nocheinmal die Schwangerschaft mit mir durch und gibt aus seiner Sicht Ratschläge für die nächsten Monate.

Seit Lydias Geburt wünschen wir uns Kontakte zu Eltern, die wie wir von der Spina-bifida-Problematik betroffen sind. Wir möchten sehen, was uns in den nächsten Monaten, Jahren erwartet – und wie andere damit leben. Schon in der Kinderklinik hatte ich versucht, die Eltern weiterer dort liegender Kinder mit einem offenen Rücken oder einem Hydrozephalus kennenzulernen, leider ohne Resonanz. Auf dem Merkblatt über Lydias Krankheitsbild stand dann die Anschrift der Arbeitsgemeinschaft Spina bifida und Hydrozephalus (ASbH), zu der sich Eltern von Spina-bifida-Kindern organisiert haben, um ihren Kindern gemeinsam besser helfen zu können. Natürlich schrieb ich sofort an diese Stelle.
Nun erreicht uns ein dicker Umschlag mit Erstinformationen und vor allem – Kontaktadressen! Zwar ist die für uns zuständige Bereichsgruppe in Köln, also 50 km entfernt, aber immerhin ist ein erster Austausch möglich. Wir erfahren weiter, daß die Spina bifida gar nicht so selten ist, wie wir bisher glaubten, daß andere Kinder durchaus fröhlich damit leben, daß ständig Fortschritte in ihrer Behandlung erzielt werden, und daß es ambulante Behandlungszentren für dieses Krankheitsbild gibt. Eines zum Beispiel ist in Köln.
In der beiliegenden Literatur wird auch das Thema: „Ursachen der Spina bifida" behandelt. Die ASbH unterstützt ein Forschungsprogramm an einem Humangenetischen Institut. Denn es hat sich gezeigt, daß ein erhöhtes Risiko weiterer Spina-bifida-Kinder für eine bereits betroffene Familie besteht. Bisher werden folgende Faktoren vermerkt, wobei eine Schädigung immer erst durch eine Kombination verschiedener Einwirkungen zustande kommt:
– Voraussetzung ist wohl eine ererbte Veranlagung, die sich über *mehrere* Erbinformationsträger (Gene) der Mutter *und* des Vaters überträgt.
– dazu kommen äußere Einflüsse wie Sauerstoffmangel, bestimmte Medikamente, Röntgenstrahlen u.a. teils unbekannte Einwirkungen.

Es kommt bereits im 1. Schwangerschaftsmonat (in den ersten 25 Tagen!), zur Spaltbildung der sich entwickelnden Wirbelsäule, also wenn die Eltern gerade erst ahnen, daß ein neues Menschlein heranwächst.
Es gibt inzwischen Untersuchungsmethoden, mit denen bei einem Teil der betroffenen Kinder diese Schädigung während der Schwangerschaft diagnostiziert werden kann. Allerdings sind diese Methoden zum Teil nicht ganz ungefährlich für das Ungeborene – und nicht 100prozentig zuverlässig. Die Konsequenz dieser vorgeburtlichen Diagnostik heißt: Abtreibung! Und das ist eine Entscheidung, die wir bei einer eventuellen neuen Schwangerschaft nicht würden treffen können.
Bleibt die Möglichkeit der genetischen Beratung mit dem Ziel, eine genauere Information über das *persönliche* Wiederholungsrisiko zu erhalten. Also besorge ich uns erst mal die Anschriften von genetischen Beratungsstellen. Aber eine Unsicherheit bleibt. Auch eine intensive Beratung wird uns nicht mit absoluter Sicherheit voraussagen können, ob ein weiteres Kind krank sein wird oder nicht. Es würde nur eine Wahrscheinlichkeitsrechnung aufgestellt werden können. Lohnt sich dann aber der Aufwand?

Am Dienstag nach Lydias Entlassung aus der Klinik beginnt dann unsere „Arbeit", d. h. die Krankengymnastik. Die Krankengymnastin, die schon unser Pflegekind beturnt, bietet mir an, Lydias Termine so zu legen, daß sie direkt vor der Gruppenstunde von Susanne an der Reihe ist. Das spart mir Zeit und einen zusätzlichen Weg. Ihre Praxis liegt in Mettmann, bis dahin sind es etwa 6-7 km.
Da ich schon seit einem Jahr mit Susanne zu Hause Krankengymnastik mache, ist mir dieses Gebiet nicht fremd. Ich weiß, daß Arbeit auf uns wartet, und ich weiß ebenso, daß diese Arbeit Erfolg verspricht, daß sich die Anstrengung lohnt. Und zudem bin ich überglücklich, Lydia endlich bei mir zu haben, selbst etwas für sie und mit ihr tun zu können. Ja, ich freue mich auf die Hilfe durch dieses Training. Nachdem die Krankengymnastin Lydias Reflexe getestet hat und ich ihr von den Ereignissen der vergangenen Wochen berichtet habe, zeigt sie mir die ersten relativ leichten Übungen, vier oder fünf an der Zahl; Lydia quittiert es mit ärgerlichem Geschrei. Sie wurde schon während der letzten zwei Wochen in der Klinik einmal täglich beturnt und weiß, daß es angenehmere Zeitvertreibe gibt. Meine Turnbegeisterung erhält ihren ersten Dämpfer, als die

Therapeutin zum Abschluß sagt: „So, und jede Übung vier- bis fünfmal hintereinander und das ganze Programm fünfmal am Tag." Oh – Susanne muß ihre Übungen „nur" zweimal pro Tag absolvieren! Nun, das werden wir schon hinkriegen, 5 x 10 Minuten – eben bei jedem Trockenlegen.

Eine Umstellung ist es dann doch: Bei jedem Wickeln das Kind ganz ausziehen und dieses schlaffe kleine Wesen zu sehr unbequemen und anstrengenden Bewegungsabläufen zwingen. Die Übungen sind in drei Gruppen unterteilt. Man nennt diese neue Form „mehrdimensionale Therapie nach Brüster/Zinke".

1. Übungen aus der Entwicklungstherapie nach Dr. Vojta und Dr. Bobath,
2. das passive Durchbewegen der Hüft-, Knie- und Fußgelenke, um diese beweglich zu erhalten, und die Fußfehlform – Lydia hat eine Hacken-Knickfuß-Kombination – auszugleichen,
3. Übungen, die darauf zielen, die Kopfkontrolle zu verbessern: wenn ich Lydia an den Händen und Unterarmen zum Sitzen nach oben ziehe, hängt nämlich das große Köpfchen nach hinten oder baumelt zur Seite – bis es dann von der Schwerkraft nach vorne gezogen wird und – plumps – auf der Brust landet, den ganzen Oberkörper mitreißend. Mit immer neuen Tönen und Spielsachen versuche ich, Lydias Aufmerksamkeit zu erregen und sie zu bewegen, ihren Kopf nicht nur zu heben, sondern ihn dann auch für einige Sekunden in der Mitte zu halten, – aber das Köpfchen wackelt und fällt ohne die leisesten Anzeichen von stabilisierender Muskelanspannung – und Lydia schreit und schreit und schreit...

Nach den ersten zwei Tagen bin ich genervt – unsicher, ob ich die Übungen richtig mache, irritiert durch das laute Weinen des sonst so ruhigen Kindes und enttäuscht, noch keine Erfolge zu sehen. Herbert verzieht sich in den entgegengesetzten Winkel der Wohnung, sobald ich Lydia ausziehe, und die beiden Großen sind eifersüchtig über die viele Zuwendung, die Lydia in ihren Augen beim Turnen bekommt, aber zugleich auch belastet durch das Schreien ihrer kleinen Schwester. Und das alles fünfmal pro Tag. Die Versuchung, eine Übung zu kürzen oder wegzulassen, oder gar eine Turneinheit ganz ausfallen zu lassen, ist groß. Und nicht immer widerstehe ich ihr – mit einem schlechten Gewissen gestraft. Und

Lydia? Sie weint noch beim Anziehen und beruhigt sich erst wieder, wenn ich sie stille, danach schläft sie völlig erschöpft ein.

Sie ist sonst ein sehr liebes und ruhiges Kind – fast zu ruhig. Sie schläft viel – nun, sie ist ja auch noch klein und die Krankengymnastik verlangt ihr viel Kraft ab. Wenn sie wach ist, liegt sie auf einer Decke auf dem Teppich oder in ihrer Babywippe und schaut fast unbeteiligt vor sich hin.

Neben dem lauten Spiel von Miriam und Susanne und nach dem Geschrei beim Turnen genieße ich die Ruhe und freue mich über unser liebes Baby. Aber der Verdacht, daß dieses Verhalten schon stark an Apathie grenzt, läßt sich von Woche zu Woche schlechter verdrängen.

Langsam spielt sich der Alltag ein. Wir gewöhnen uns an das Leben zu fünft, die Krankengymnastik erhält ihren festen Platz im Tagesablauf, ich lerne, die wichtigsten Hausarbeiten „mal eben zwischendurch" zu erledigen, und für die beiden Großen wird es wieder normal, den ganzen Tag zu Hause zu sein.

Lydia macht einen zufriedenen Eindruck, sie nuckelt ausgiebig an ihrem Däumchen – was Miriam, die dies ebenfalls hingebungsvoll praktiziert, zuerst verwirrt und dann voll begeistert – oft stellt sie sich neben die kleine Schwester und tut es ihr gleich – da kann Sanni natürlich nicht zurückstehen – also Daumennuckeln hoch drei.

Lustig sind auch Lydias Reaktionen auf meine Versuche, ihr Köpfchen so zu lagern, daß die schiefe Haltung sich zurückbilden kann. Zuerst mag sie keine Bauchlage, zwei Wochen später ist sie dann gegen die Seitenlage, und will nun nur noch auf den Bauch, bevorzugt dabei jedoch die falsche Kopfseite! So ruhig sie sonst auch liegt, Lagerungshilfen wie etwa zusammengerollte Windeln, bleiben nicht lange an den für sie bestimmten Stellen.

Dabei ist es so wichtig, daß die Fehlhaltung von Rumpf und Kopf ausgeglichen wird, bevor sie eine Verkürzung der betroffenen Muskeln bewirkt und sich fixiert! Außerdem ist noch immer die Tendenz zu spüren, den Kopf nach hinten zu überstrecken. Deshalb muß auch er entsprechend gelagert werden. Da Lydia sich gegen die Lagerungshilfen wehrt, ziehen wir andere Konsequenzen: Das ganze Babyzimmer wird so umgeräumt, daß Lydia im Bett oder auf dem Wickeltisch nur jeweils an der rechten Seite etwas zum Anschauen oder Greifen findet. Sie muß also aktiv ihr Köpfchen so drehen, daß die Fehlhaltung ausgeglichen wird. Wo immer

sie auch sonst liegt oder getragen wird, verfahren wir nun nach demselben Prinzip.
Die Nächte werden langsam wieder geruhsamer. Zwar kommt Lydia sehr häufig zum Anlegen, aber das vierstündliche Aufstehen, Windelnwechseln, Blasenklopfen und -ausdrücken ist nun vorbei. Es reicht, wenn Lydia am Abend und dann erst wieder am anderen Morgen gewickelt wird.
Dann ist da noch das Ventil. Es funktioniert nicht einwandfrei, aber auch der Arzt, der es Lydia eingepflanzt hat, und den wir einige Tage nach der Klinikentlassung aufsuchen, sagt: „Abwarten, es kann sich noch einspielen." Wir ‚pumpen' mehrmals am Tag, d. h., wir drücken das kleine Reservoir, das wie eine Beule unter der Haut auf der kahlgeschorenen rechten Kopfseite liegt, mit dem Finger ein. Läßt es sich leicht eindrücken, ist der in den Bauchraum ableitende Schlauch durchgängig – füllt sich das Reservoir schnell wieder mit Liquor, ist auch der von den Gehirnkammern kommende Katheter frei. Lydias Reservoir füllt sich jedoch nur sehr langsam – aber immerhin, es füllt sich letztlich doch.
Es ist im Umgang mit Lydia so viel zu beachten und zu beobachten. Wo ist das richtige Maß zwischen übertriebener Ängstlichkeit und gefährlicher Nachlässigkeit? Können wir Lydia stundenweise anderen anvertrauen? Können wir anderen dies überhaupt zumuten?
Ganz selbstverständlich sagt Katja aus unserem Hauskreis in diese Situation hinein: „Ihr könnt Lydia gerne mal bei mir lassen. Ich denke schon, daß ich das kann, auf sie acht geben. Geht Ihr am Sonntag mal ruhig zur Kirche und laßt mir Lydia hier!"
Bald hat sich diese Gottesdienstregelung gut eingespielt: Jeweils ein Ehepaar aus dem Haus versorgt am Sonntagmorgen die kleinen Kinder, während die beiden anderen Paare in Ruhe die Predigt hören können. Miriam und Susanne sind derweil im Kindergottesdienst.
Ganz, ganz langsam, aber umso freudiger begrüßt, stellen sich erste winzige Fortschritte ein: Ende Januar, also mit etwa neun Wochen, lächelt Lydia zurück, wenn wir sie anschauen! Mitte Februar schaut sie interessierter in ihre Umwelt, lacht manchmal spontan und beginnt zu ‚erzählen'. Auch die Krankengymnastik zeigt Erfolge. Zwar bin ich jeden Dienstag beim Termin mit der Krankengymnastin aufs neue deprimiert, weil zu den alten Übungen jedesmal ein bis drei neue dazukommen, doch Lydias Kopfkontrolle wird besser. Bei manchen Übungen ist ein leichtes Zucken in den Zehen zu erkennen. Und sie schreit nicht mehr ganz so wild wie am Anfang.

Die Schwerpunkte der Krankengymnastik liegen zunächst in der Verhütung von Gelenkversteifungen und -verformungen und in einer speziellen Entwicklungsförderung durch das Trainieren der Kopfkontrolle, der Aufrichtung des Schultergürtels sowie der Rumpfmuskulatur, aber auch in der Aktivierung der von der Lähmung betroffenen Muskelgruppen, soweit es eben möglich ist.
Für Lydia bedeutet dies, daß eventuell noch funktionsfähige Nervenbahnen unterhalb des geschädigten Bereichs im Rückenmark optimal mit Reizen versorgt werden, daß die Muskeln im gelähmten Körperabschnitt ausreichend Impulse erhalten und so aktiv trainiert werden – insbesondere im Gebiet von Blase und Darm.
Noch kann niemand sagen, welche dieser herausgeforderten Nerven Lydia später willentlich wird kontrollieren können, aber wenn ich mit dieser Therapieform die Möglichkeit habe, ihre Chancen zu vergrößern, so will ich gegen alle Widerstände ankämpfen.
Und Widerstände gibt es genug. Da ist das Zeitproblem: Unser Programm hat sich inzwischen auf 5 x 1/2 Stunde ausgedehnt. Oder das akustische Problem: Nach 30 Minuten Geschrei will ich nur noch Ruhe – weder Kleinkindergeplapper, noch die interessantesten Radiosendungen, die mich bisher am Vormittag begleitet haben. Härter wird es allerdings, als im Verwandten- und Bekanntenkreis Unverständnis auftaucht: ‚Du quälst das Kind unnötig, wie kann *das* gut sein!' Am schlimmsten ist das Selbstmitleid, das alle paar Tage hochkommt: Warum versteht mich keiner? Der Durchblick, daß ‚keiner' einfach falsch ist, fehlt mir in diesen Tagen.
Die Krankengymnastin hilft mir, wo sie kann, behutsam aber doch gezielt. Schon früher hatte ich dankbar erlebt, wie sie den Therapieplan auf die jeweilige Situation des Kindes abstimmte. Aber diesmal ist es von entscheidender Bedeutung für Lydia und mich, daß wir die Erfordernisse, die sich aus dem Krankheitsbild ergeben, mit unseren häuslichen und kräftemäßigen Möglichkeiten in Einklang bringen.
Ich verschlinge geradezu die Literatur, die sie mir über Spina bifida und dabei speziell zum Thema Krankengymnastik besorgt. Immer auf der Suche nach neuen Gesichtspunkten, Argumenten, Anregungen und vor allem Erfolgsversprechungen.
Erfahrungsberichte von anderen Kindern zeigen immer greifbare Ergebnisse vor – die Arbeit scheint gering im Vergleich zum Lohn – aber sieht nicht alles im Rückblick leichter aus, als wir es mitten in der Situation empfinden?

In dieser Stimmung finde ich den Bericht einer Psychologin (K. Popplow) über psychologische Hinweise zur Krankengymnastischen Behandlung bei Spina-bifida-Kindern. Endlich jemand, der all das ausspricht, was ich bisher zwar empfunden habe, aber oft nicht einmal mir selbst einzugestehen wagte. Es wird berichtet von der Situation des betroffenen Kindes im Blick auf die Mutter-Kind-Beziehung, die dauernde Mehrbelastung und das fehlende Verständnis für die Notwendigkeit der Übungen. Der 2. Teil ist den Eltern gewidmet und weist auf die verschiedenen mitwirkenden Faktoren hin, wie die Einstellung zum behinderten Kind, das Bezugssystem ‚Umwelt' und die häufige Überforderung der Eltern.
Nach der ersten Genugtuung beginne ich, diesen Artikel durchzuarbeiten und mache wertvolle Entdeckungen: Was in mir an Auflehnung lebt, ist ebenso natürlich und *erlaubt* wie mein häufiges Unvermögen in der praktischen Ausführung! Aber indem ich lerne, beides aus der Verdrängung zu holen, zu akzeptieren und auszusprechen, habe ich ganz neue Möglichkeiten in der Hand, an mir zu arbeiten – der Weg ist frei zu einer frohen und getrosten Einstellung der Krankengymnastik gegenüber. Ich brauche nicht aufzugeben, wenn mir Lust, Kraft und Zeit fehlen, ich darf dies als eine anspornende Herausforderung erleben!

> *„Meinst du nicht, daß Gott dich einen anderen, leichteren Weg führen könnte? Wie würde dann aber Sein Werk vollendet? – Es muß also gehen!"*
> nach Matthäus 26,53-54

Nun haben wir auch endlich Zeit und Kraft, uns mit einem lang anstehenden Wunsch zu befassen: Lydias Taufe. Nach Abstimmung mit den Paten und unserem Pfarrer setzen wir die Taufe auf Ostermontag fest, bis dahin sind es noch etwa zwei Monate. Natürlich ist es etwas gewagt, bei Lydias Zustand so langfristig zu planen, aber wir wollen doch nicht annehmen, daß schon so bald ein neuer Krankenhausaufenthalt nötig wird.
Gerade, als wir uns alle so einigermaßen in den Alltag eingelebt haben, meldet sich die nächste Ausnahmesituation an. Es beginnt mit dem bei der Klinikentlassung festgelegten Termin in der Risikoambulanz, am 4. Februar. Dort soll Lydias Entwicklung in regelmä-

ßigen Abständen überwacht werden. Da wir ja wissen, daß Lydia Fortschritte gemacht hat, gehen wir ohne Angst dorthin. Die Ärztin und die Therapeuten bestätigen uns auch, daß Lydias Kopfkontrolle besser ist und sie ausgeglichener erscheint – ja, sie sind vollauf mit ihr zufrieden.

Nur das Ventil weckt auch hier Bedenken. Uns wird empfohlen, ein Computertomogramm (CT) anfertigen zu lassen. (Bei einem CT werden Bilder vom Gehirn gemacht, ähnlich den Röntgenaufnahmen, nur ist die Strahlenbelastung wesentlich geringer und das ganze Gehirn kann auf verschiedenen Ebenen und sehr vielen Schichten „beschossen" werden. Auf diese Weise stellen sich deutlich die Bereiche des Gehirngewebes dar. Und ebenso klar sind die mit Liquor gefüllten Räume und darin der Ventilkatheter zu erkennen.) Lydias Kopfumfang ist auf 40,3 cm angestiegen, das sind fast 2 cm Wachstum in 4 Wochen – normal wären etwa 0,8 cm.

Zwei Tage später fahren wir mit dem Zug nach Hagen, dort ist das Institut für Computertomographie, mit dem die Kinderklinik in Wuppertal zusammenarbeitet. Schon vor der Ventiloperation im Dezember hatte Lydia hier ein CT bekommen. Aber an diesem Tag läuft alles verkehrt: Als wir gegen 12 Uhr dort eintreffen, ist das CT-Gerät defekt, die Techniker arbeiten fieberhaft, mehrere Patienten warten bereits.

Also gehen wir erst mal essen und schließen einen Einkaufsbummel an. Wieder zurück, stille ich Lydia, die nun recht müde ist, sie bekommt noch ein Beruhigungsmittel über den Darm verabreicht und soll nun einschlafen. Das Gerät läuft bereits an, Lydia wird an die Reihe kommen, sobald sie schläft, denn es ist für verwertbare Aufnahmen unerläßlich, daß die Kinder fest schlafen und sich nicht bewegen.

Doch in den Praxisräumen ist Hektik. Unser Baby kommt einfach nicht zur Ruhe. Nach einer Stunde sind wir alle am Ende unserer Geduld. Lydia soll zusätzlich eine Spritze zur Beruhigung bekommen, aber ich habe Angst: Es ist nicht klar, wie weit Lydias Gehirn geschädigt ist und wie es auf die Kombination von verschiedenen Medikamenten reagieren wird. Ich möchte nicht riskieren, daß sie zu krampfen beginnt. Deshalb bitte ich den Arzt, sich mit der Klinik in Wuppertal in Verbindung zu setzen, damit die Stationsärztin oder der zuständige Oberarzt die Medikation festsetzen. Leider sind beide nicht im Dienst. Also nehmen wir Lydia und fahren ohne CT-Aufnahmen nach Hause.

Ein paar Tage später starten wir einen neuen Versuch. Diesmal habe ich für Lydia geeignete Medikamente, von der Klinik empfohlen und vom Kinderarzt verschrieben, dabei. Ja, wir haben auf Anraten unseres Kinderarztes die Verträglichkeit dieser Medikamente vor zwei Tagen mit einer kleinen Menge vorgetestet. Und nun stellt sich auch der Erfolg ein: Lydia schläft schnell. Ich sitze, angetan mit einer schweren Bleischürze, neben ihr in dem fast dunklen Raum, kontrolliere Puls und Atmung und bete, daß sie bis zum Ende der Aufnahmen durchhält. Manchmal brummt und rattert der Scanner und ich halte unwillkürlich die Luft an. Ob sie wach wird? Dazwischen versuche ich, durch die Glasscheibe in den hellen Kontrollraum zu schauen – auf den Monitor, auf dem sich die CT-Bilder darstellen; doch aus meinem Blickwinkel ist kaum etwas zu erkennen. Als die Prozedur vorüber ist, möchte ich die Bilder sehen und das Ergebnis erfahren, aber es wird wie ein Staatsgeheimnis gehütet. Mitleidige Blicke auf Kind und Eltern, aber die Bilder dürfen wir nicht direkt mitnehmen und dem Kinderarzt bringen, wie wir mit diesem ausgemacht hatten, sie gehen den Postweg (damit wir nicht ‚reinschauen'). Schweren Herzens fahren wir zurück.

Tag für Tag rufe ich beim Kinderarzt an, ob die Bilder angekommen sind. Am dritten Tag ist es soweit, ich soll *sofort* zu ihm kommen! Dort wird mir die Einweisung ins Krankenhaus in die Hände gedrückt: „Mit diesem CT-Befund kann ich nicht verantworten, das Kind auch nur einen Tag länger zu Hause zu lassen! Das Ventil ist wahrscheinlich verstopft, der Liquor kann nicht abfließen, er drückt auf das Gehirngewebe."

Jetzt ist es *so* eilig, aber vorher war genug Zeit für den Postweg! Ich bringe Lydia zur Klinik, alle schauen mich traurig an: „Schon wieder hier?" Aber so schnell lasse ich mein Kind nicht ‚zur Beobachtung' dort! Heute ist Freitag, am Wochenende werden in der Regel keine großen Untersuchungen vorgenommen. Montag soll Lydia dem Neurochirurgen in der Spezialklinik vorgestellt werden, da kann ich auch von Hause aus hinfahren. Nachdem ich mit der Stationsärztin und dem Oberarzt noch einmal alle zu erwartenden Komplikationen – von Bewußtlosigkeit über Erbrechen bis zu Krämpfen – durchgesprochen habe und versichere, daß ich Lydia, falls nötig, auch mitten in der Nacht hierher bringe, kann ich sie im Einverständnis mit den Ärzten dann doch noch einmal mit nach Hause nehmen!

Am Wochenende leben wir in großer Anspannung: War die Entscheidung richtig, Lydia zu Hause zu behalten? Wenn jetzt Komplikationen auftreten? Als Lydia vor vier Wochen aus der Klinik entlassen wurde, habe ich drei Rectiolen mitbekommen, mit denen ein darin enthaltenes Medikament schnell in den Darm des Kindes eingeführt werden kann. Sie sind gefüllt mit einem Wirkstoff, der einen akuten Krampfanfall unterbricht. Damals bekam ich diese Rectiolen ‚für alle Fälle'. Jetzt liegen sie griffbereit in der Wohnung verteilt. Ich schaue auf Lydias großen Kopf. Was geht darinnen vor? Wie lange halten die Gehirnzellen den steigenden Druck ohne Schaden zu nehmen aus? Lydia ist derweil sehr ruhig und schläfrig – teilnahmslos? – teilnahmslos! Nachts stehe ich alle 2-3 Stunden auf und schaue nach ihr, ich kontrolliere Puls und Atmung und meist wecke ich sie leicht, um zu sehen, wie sie reagiert. Trotz allem sind wir froh, sie bei uns zu haben. Ich glaube noch immer, daß ich sie zu Hause gründlicher beobachten kann als die Schwestern in der Klinik, die sich um viele Kinder kümmern müssen. Eine Operation wird sicherlich noch genug Tage im Krankenhaus mit sich bringen, und für Lydia ist jeder Tag, den sie in der Geborgenheit der Familie verbringt, wichtig. Außerdem kann ich sie hier rund um die Uhr stillen!

Am Montag fahren Herbert und ich dann mit ihr in die Neurochirurgie. Der Oberarzt untersucht sie gründlich, bewertet die CT-Bilder und sagt dann, was wir eigentlich schon wissen: „Wir müssen hier wieder operieren, der im Gehirn liegende Katheter ist wahrscheinlich verstopft und muß erneuert werden!"

Vorerst dürfen wir unsere Lydia aber wieder mit nach Hause nehmen. Über die Kinderklinik wird der OP-Termin für die nächste Woche festgelegt. Eine Woche Aufschub. Auf der einen Seite freue ich mich über jede Stunde, die Lydia noch bei uns ist. Wer weiß, was nach der OP sein wird? Andererseits heißt dies aber auch, daß für eine weitere Woche der erhöhte Druck auf die Gehirnzellen einwirken kann. Und das anhaltende Beobachten des schwerkranken Kindes fordert enorme Nervenkraft. Manchmal glaube ich schon, mir Symptome einzubilden.

Doch auch jetzt spüre ich, wie mir für jeden Tag die Kraft zukommt, die ich gerade brauche: physische Kraft, wenn Arbeit und Schlaf in einem ungesunden Verhältnis zueinander stehen, und Stärkung für Nerven und Gemüt, wenn diese zu versagen drohen.

Und gerade in diesen Tagen lacht Lydia zum ersten Mal laut! Sie macht Fortschritte, oh ja, – winzige Erfolge, aber eben Erfolge! Das

rechte Beinchen, es ist ihr schwächeres Bein, spricht nun auch mit leichten Bewegungen auf die Krankengymnastik an. Und gerade jetzt steht der Klinikaufenthalt bevor! Werden alle Mühen der vergangenen vier Wochen umsonst gewesen sein?
In der Nacht vor der stationären Aufnahme liege ich lange wach. Wie wird es ihr nach der OP gehen? Wie kostbar ist mir das Leben dieses Kindes, das uns so ganz anders geschenkt wurde, als wir es uns eigentlich wünschten! Plötzlich ist es zweitrangig, *wie* sie durchkommt, wichtig ist, *daß* sie durchkommt! Wie sehr habe ich mich im Dezember gegen ein geistig behindertes Kind aufgelehnt. Jetzt weiß ich, daß dieses Kind auch mit einem geschädigten Gehirn unsere von Herzen angenommene Lydia bleiben wird.
Am 25. Februar, einem Montag, bringe ich Lydia dann wirklich zur Aufnahme ins Krankenhaus. Sie kommt wieder auf die Station, wo sie auch beim ersten Mal gelegen hat. Zwei Tage später soll die OP stattfinden, bis dahin sind noch einige Untersuchungen vorgesehen. Es fällt mir schwer, mich von Lydia zu trennen. Wie wird sie den neuen Klinikaufenthalt erleben? Jetzt, nachdem sie erfahren hat, wie es ist, in der Geborgenheit der Familie zu sein! Wird sie sich wieder an die Flaschennahrung gewöhnen? Die beruhigende Wirkung des Stillens hat uns viele Male über schwierige Situationen hinweggeholfen.
Warum konnte das Ventil nicht von Anfang an richtig funktionieren?
Zu Hause fehlt Lydia uns allen. Kein hungriges Babyquieken zu ungelegenen Zeitpunkten, keine Krankengymnastik, keine nächtlichen Still- und Windelaktionen, aber auch kein Babylächeln, keine noch so winzigen Fortschritte, kein zufrieden nuckelndes Kind im Arm. Sicher hat die Situation auch Vorteile, so können wir nachts endlich mal durchschlafen. Aber eigentlich wäre es uns doch lieber, Lydia bei uns zu haben.
Von dieser Sicht her fällt es mir schwer, den erneuten Krankenhausaufenthalt zu akzeptieren. Aber es gibt auch Punkte, an denen es diesmal leichter ist als im Dezember. So bin ich stolze Besitzerin von 1/3 Auto! Den Führerschein habe ich schon seit fast sieben Jahren, aber zu einem fahrbaren Untersatz hatte es bisher nie gereicht. Doch gerade jetzt, wo ich für die Fahrten mit Lydia ein Auto wirklich gut gebrauchen kann, ergab sich folgende Möglichkeit:
Wir drei Frauen aus unserem Hauskreis haben gemeinsam einen Fiat 127 übernommen, den die eine Familie zuletzt als Zweitwagen

hatte. Mit Hilfe eines großen Terminkalenders planen wir nun, wer wann das Auto benutzt. Gerade für mich ist das eine wunderbare Hilfe, die mir viel Zeit und Kraft spart. Da die Kosten auf die Kilometer umgelegt werden, und sich auf drei verteilen, ist dies auch finanziell eine gute Lösung. Da Margit und ich schon lange nicht mehr hinter einem Steuer gesessen hatten, verbrachten wir einige Stunden auf dem Verkehrsübungsplatz, um wieder ein Gefühl für das Fahren zu bekommen. Außerdem mußte ich hart Theorie büffeln. Dank der Geduld und starken Nerven von Katja, der dritten im Bunde, die auch bisher den Fiat gefahren hatte, wagte ich mich Mitte Januar zum ersten Mal wieder allein auf die Straße!
Eine ganze Reihe von Bekannten und Verwandten waren sprachlos bis entsetzt, und einer meinte sogar: „Ich möchte mal die vielen Engel sehen, die dich mit deinem Auto bewahren." Nun, ich weiß mich wirklich bewahrt. Dieses Auto, gerade zu diesem Zeitpunkt, ist mir ein großes Geschenk. Eigentlich war ich zuerst sehr ängstlich, ob ich überhaupt noch oder wieder würde fahren können. Und das in einer Situation, in der ich meine Kraft auch für andere Dinge dringend brauchte. Aber wenn Gott mir solch eine Hilfe ganz unerwartet schenken will, dann weiß Er auch, was ich an Kraft, Zeit und Mut zusätzlich brauche. Und so habe ich zwischen Dank und Zagen wieder angefangen, Auto zu fahren. Und es macht mir von Tag zu Tag mehr Freude.
Für die täglichen Klinikbesuche ist es natürlich eine große Erleichterung. Ich schaffe es mit dem Auto in einer guten halben Stunde und bin außerdem an keine Abfahrtzeiten gebunden.
Auch zu Hause läuft diesmal alles besser: Miriam und Susanne sind während meiner Abwesenheit wieder bei den Gastfamilien, und da sie Lydia ja nun kennen, verstehen sie auch alles besser. Für mich ist außerdem die Zeit des Wochenbetts vorbei, und so fühle auch ich mich wohler.
Während Lydia in der Klinik ist, haben wir wieder einen ganz besonderen ‚Gast': die elektrische Milchpumpe! Auch diesmal habe ich sie auf ein ärztliches Rezept hin ausleihen können. Sie verschafft mir Erleichterung, wenn viel Milch da ist, aber kein Baby, um diese zu trinken. Außerdem hält die Pumpe die Milchproduktion in Gang. Ich habe allerdings ein sehr zwiespältiges Verhältnis zu diesem ‚Gast': Die elektrische Pumpe ist natürlich viel wirkungsvoller, schneller und bequemer als eine Handpumpe, aber im Vergleich mit einem saugenden Babymündchen schneidet sie denkbar

schlecht ab. Manchmal mag ich den surrenden Ton, den sie beim Pumpen abgibt, nicht mehr hören. Und wenn ich nicht achtgebe, und die Saugleistung übersteuere, möchte ich den Brustansatz an die Wand werfen. Aber wenn ich Lydia in der Klinik anlege und weiß, daß die Pumpe ihr die Möglichkeit des Gestilltwerdens erhält, oder wenn meine Brust vor Milch zu platzen droht, bin ich unserem ‚Gast' fast freundschaftlich zugetan.
Also vom rein Organisatorischen her läuft diesmal alles besser als während Lydias erstem Klinikaufenthalt. Außerdem wissen wir inzwischen, daß bei einer Ventil-Revision, also dem bloßen Austausch von Teilen des Ventil-System, etwa zehn Tage Krankenhausaufenthalt ausreichen.
Die Operation und der Heilungsprozeß der Hautwunde verlaufen auch ohne Komplikationen. Wie froh sind wir, als die Stationsärztin uns am Abend nach der OP sagt, daß es Lydia gut gehe und sie nun ein funktionsfähiges Ventil hat!
Glücklich halte ich unser Baby in den Armen. „Bald geht es dir noch viel besser, in ein paar Tagen nehme ich dich wieder mit nach Hause. Dann holen wir alles nach, was dir jetzt hier fehlt, Kuscheln, Schmusen, häufiges Stillen, und natürlich die wichtige Krankengymnastik!" Ich kann es kaum abwarten, sie wieder mitzunehmen. Doch noch ist Lydia sehr schlapp und apathisch. Nun, die OP ist erst wenige Stunden her, und da ich vorher fürchtete, sie würde die OP vielleicht nicht überleben, bin ich jetzt doppelt dankbar und glücklich.

Zwei Tage später sehe ich alles wieder realistischer und kritischer: Es geht Lydia *nicht* wesentlich besser als vor dem Eingriff! Die große Fontanelle ist gespannt, der Sonnenuntergangsblick scheint sich sogar zu verstärken, und vor allem war sie in den Wochen zu Hause lebhafter. Wenn das Ventil funktionieren und so der Überdruck im Schädel nachlassen würde, müßte sich dies auch auf Lydias Verhalten auswirken. Aber sie liegt so still und desinteressiert in ihrem Bettchen!
Sollte die OP vergeblich gewesen sein? Was sagen die Fachleute? Alle machen bedenkliche Gesichter, aber was sie sagen, ist mir nicht neu: „Wir müssen abwarten, wie sich Lydias Zustand weiter entwickelt." Jeden Tag dasselbe: Geduld haben, abwarten. Der Arzt aus der Neurochirurgie sagt: „Das Ventil läuft manchmal etwas schwer an, es wird sich aber noch einspielen."

Oh, ich sehe doch, daß es Lydia nicht besser, ja, eher sogar schlechter geht! Da treten Symptome auf, die auf eine Schädigung von Gehirnzellen hindeuten: das ‚Schmatzen' etwa. Während Lydia in ihrem Bettchen liegt, macht sie häufig schmatzende Bewegungen mit ihrem Mündchen – ein Symptom, daß ich auch bei Frühgeburten erlebt habe, die einen Hirnschaden hatten. Oder beim Stillen: Sie schlägt mit dem linken Arm ständig auf ihren Körper, ziellos, aber stetig. Selbst wenn ich das Ärmchen festhalte, spüre ich, wie sich die Muskeln anspannen!
Das Ventil kann nicht voll funktionsfähig sein! Ich frage die Ärzte, ob eine neue OP vorgesehen ist. „Nein, doch jetzt noch nicht – wir müssen erst mal abwarten!"
So sehr ich das Risiko einer neuen OP fürchte, *jetzt* will ich, daß Lydia operiert wird! Aber das letzte Wort hat der Spezialist, und der sagt: „Vorerst noch nicht!"
Nun, wenn also keine OP, dann erst mal nach Hause. Am 7. März, einem Freitag, gerade zehn Tage nach der Ventil-Revision, hole ich unser schwerkrankes Töchterlein ab. Diesmal weiß ich, daß es nur für kurze Zeit ist, und ich hoffe sogar, daß die Ärzte sich ganz schnell entschließen, das Ventil wieder auszuwechseln. Lydias Kopfumfang liegt schon bei 42,7 cm!
Im Gegensatz zu den Tagen vor der Klinikaufnahme habe ich jetzt keine Angst vor der Verantwortung, Lydia in diesem akuten Zustand alleine zu pflegen.
Am folgenden Montag stellen wir Lydia dem Oberarzt der Neurochirurgie vor, damit er selbst die Ventilfunktion beurteilen soll. Wie auch bei den bisherigen Besuchen in dieser Klinik brauchen wir kaum zu warten und werden von Vorzimmerdame und Arzt sehr freundlich und verständnisvoll empfangen.
Nach dem Gespräch mit dem Arzt schwanken wir zwischen Hoffnung und Angst. Was er sagt, klingt nicht nur nach passivem Abwarten, sondern auch nach Aktivität. Wir sollen etwa 25 mal am Tag das Reservoir unter der Kopfhaut eindrücken, also ‚pumpen', um die Ventilfunktion in Gang zu bringen. Lydias Kopfumfang ist auf 43,5 gestiegen.
Der Kopf wächst und wächst. Vier Tage später: 44 cm. Ich telefoniere mit dem Neurochirurgen. Ergebnis: 40 mal pumpen am Tag! Auf meinem Terminkalender, der auch den Tagesarbeitsplan bereit hält, sammeln sich die Striche: = 40 mal gepumpt!
Die Tage vergehen. Die winzige Hoffnung, daß sich das Ventil ein-

läuft, ist der Angst gewichen. Angst, daß Lydias Gehirn Schaden nimmt durch den zu hohen Liquordruck. Eine ganze Reihe von Symptomen für den erhöhten Druck verstärken sich von Tag zu Tag: Die große Fontanelle wölbt sich vor, die Haut darüber ist straff gespannt; die Blutgefäße im Bereich der Schädelknochen zeichnen sich deutlich unter der gespannten Kopfhaut ab; die Schädelnähte klaffen, und der Spalt wird fast zusehends größer; der Kopfumfang wächst um 1-2 mm pro Tag; die Augäpfel schieben Iris und Pupille immer weiter hinter das untere Augenlid; das schon in der Klinik beobachtete unnatürliche Schmatzen sowie das Schlagen mit dem linken Arm werden heftiger – das ganze Kind ist schlaff und desinteressiert. Lydia trinkt zwar noch gut, erbricht auch nicht, wie es bei erhöhtem Hirndruck häufig ist – aber diese Anstrengung reicht ihr schon, um sofort wieder fest einzuschlafen.

Das Turnen ist verständlicherweise miserabel: erst die 1½ wöchige Pause durch den Klinikaufenthalt, und nun die Belastung durch den steigenden Liquordruck.

Weitere Arztbesuche: Der Kinderarzt macht ein bedenkliches Gesicht, aber was der Neurochirurg anordnet, ist vorrangig. Die Augenärztin kann uns wenigstens versichern, daß der Bereich am Augenhintergrund noch nicht in Mitleidenschaft gezogen ist.

Nachdem ich zehn Tage lang je 40mal gepumpt habe und der Kopfumfang bei 45,2 cm liegt, versuche ich, einen neuen Termin in der Neurochirurgie zu bekommen. Ich erreiche nur einen vertretenden Arzt, der Oberarzt ist erkrankt, wird aber wohl am nächsten Tag wieder in der Klinik sein. Sein Vertreter möchte nichts entscheiden.

Der nächste Tag, Dienstag, der 25. März: Der Oberarzt ist noch immer krank, die Vertretung unschlüssig, der Chef in einer internen Sitzung. Voller Wut und Angst, mit den Tränen kämpfend, schmeiße ich den Hörer auf die Gabel. Das darf doch nicht wahr sein! Lydia kann kaum noch über den Wimpernrand schauen, der Kopfumfang ist auf 45,4 cm angewachsen, der Spalt zwischen den Schädelknochen ist fast 2 Finger breit, die große Fontanelle mißt 6×6 cm, und niemand will für eine erneute Ventilrevision eintreten!

Aber ich bin jetzt nicht mehr bereit, noch länger zu warten. Ich rufe meinen Mann an, und wir entscheiden, Lydia sofort in die Kinderklinik zu bringen und dort nicht ohne OP-Termin wegzugehen. Dann sage ich der Krankengymnastin, daß ich heute nicht kommen kann, bringe Miriam und Susanne zu Freunden und fahre mit Lydia

nach Wuppertal, lasse mir vom Kinderarzt eine Krankenhauseinweisung ausschreiben und stehe bald darauf in der Kinderklinik, wild entschlossen, eine Operation für Lydia zu erreichen.
Erleichtert erlebe ich, daß Lydia wieder einen Platz auf der gewohnten Station bekommt. Als die zuständige Ärztin sich das Kind anschaut, brauche ich nicht mehr auf eine OP zu drängen. Sie ist entsetzt über Lydias verschlechterten Zustand.
Nun geht alles schnell: Der Oberarzt der Kinderklinik besorgt noch für den gleichen Tag einen CT-Termin in Hagen, Lydia wird stationär aufgenommen.
In der Mittagszeit fahre ich zu meinem Mann, der ja in der Nähe arbeitet. Wir sind erleichtert, daß nun etwas in Gang gekommen ist, aber wir haben Angst vor den Befunden; Gutes können wir ja nicht erwarten.
Am Nachmittag kann ich Lydia selbst im Krankenwagen begleiten. Sie ist unterwegs sehr ruhig und lieb. Und auch zur Untersuchung schläft sie bald ein. Der Arzt im Institut schaut stirnrunzelnd auf uns nieder, das letzte CT ist gerade sechs Wochen her, und er hatte uns zu einer Pause von einem Jahr geraten, da die Strahlenbelastung zwar gering, aber doch nicht unbedenklich ist. Trotzdem: Lydias Befinden macht ein neues CT notwendig.
Diesmal bekommt die uns begleitende Schwester die Computeraufnahmen mit. Ich selbst darf die Bilder nicht sehen. Doch beim Zuschneiden und Einpacken der Aufnahmen gelingt mir ein Blick über die Schulter der Assistentin. Was ich sehe, habe ich in meinen schlimmsten Befürchtungen nicht geahnt. Aber schon sind die Bilder in einem großen Umschlag verschwunden.
Mechanisch ziehe ich Lydia an, alles um mich herum scheint in Nebel gehüllt. Mein Kind mit einem Kopf voller Flüssigkeit – wo ist da noch Platz für die Gehirnmasse? Was ist in diesem Kind überhaupt noch an lebensfähiger Substanz? Lohnt sich eine Operation eigentlich noch? Oder ist es zu spät? Ist das Risiko zu groß, der zu erwartende Erfolg zu klein? Warum haben die Ärzte so lange gewartet?
Die Krankenwagenfahrer sind sehr nett und hilfsbereit, aber in mir ist nur ein Gedanke: ‚Diesen Zustand übersteht ein Gehirn nicht ohne Schaden.' Über Berge und Täler geht die Fahrt zurück nach Wuppertal, und bei jedem Holpern denke ich an die Flüssigkeit, die auf Lydias Nervenzellen drückt.
In der Klinik bringe ich das erschöpfte Kind zuerst ins Bett. Dann

suche ich die Ärztin; für ein paar Minuten fühle ich mich seltsam unbeteiligt: eine Kinderkrankenschwester, die einen Säugling ins Bett packt und nun mit der Ärztin den Befund besprechen will.
Doch die Ärztin hat die CT-Bilder noch gar nicht bekommen! Die Schwester hatte sie auf den Visitenwagen abgelegt, nicht ahnend, wie dringend es ist!
Als die Ärztin den Umschlag öffnet, darf ich sofort mitschauen: 8 Bilder, – Bilder von Lydias Gehirn, Gehirnmasse, die auf einen ganz schmalen Randbezirk zurückgedrängt ist, sonst nur große, dunkle Flächen: Liquor, Liquor und nochmals Liquor; Die Spitze des Katheters liegt in einem Gewebebezirk, gerade dort, wo ausnahmsweise *kein* Liquor ist.
Nein, hier gibt es nichts mehr zu erklären, zu eindeutig ist der Befund: eine massive Zunahme des Hydrozephalus! Die Ärztin weiß, daß mir der Befund klar ist, sie redet nicht drumherum, versucht nicht, abzuschwächen. Sie hilft mir aus der Erstarrung heraus, indem sie leise sagt: „Es tut mir so leid, Frau Völling." Und ich fühle mich durch das Entsetzen und die Hilflosigkeit in ihrer Stimme zutiefst verstanden. Für ein paar Augenblicke darf ich schwach sein. Die Ärztin, die Stationsschwester, auch ich, wir wissen, *wie* schlecht es Lydia geht, hier macht keiner dem anderen etwas vor. Und zugleich weiß ich, daß hier alle um Lydia kämpfen werden.
Gleich wird das Gerangel um den schnellstmöglichen OP-Termin losgehen. Und zu Hause erwarten mich Familie und Freunde, alles ahnungslose Laien, die von mir als ‚Wissender' Erklärungen und vor allem Hoffnungen und ein führendes Darüberstehen erwarten.
Ich schaue nur noch kurz nach Lydia – hier kann ich nichts mehr tun. Es ist spät am Abend, und als ich vor der Klinik hinter dem Steuer unseres Autos sitze, überlege ich, ob ich jetzt überhaupt etwas so banal Technisches wie Autofahren durchführen kann. Aber ich muß ja wohl irgendwie nach Hause kommen..., ‚Oh, Gott –'... ist es das, was die Bibel meint, wenn sie berichtet, wie der Heilige Geist Gottes unsere Anliegen mit unaussprechlichem Seufzen vor Gott bringt, wenn wir nicht mehr wissen, was wir beten sollen?
Ich drehe den Zündschlüssel, die Not ist noch da, aber die Schwäche ist vorüber.

Noch drei Tage müssen wir warten, dann kann Lydia ins OP-Programm eingeschoben werden. Diesmal ist der Eingriff risikoreicher als die erste und zweite OP. Der alte Katheter ist richtig festgewach-

sen im Gewebe. Er muß also aus dem Gewebe ‚gerissen' werden — mit der Gefahr von massiven Blutungen, und das im Gehirn. Außerdem können sich während oder auch nach der OP enorme Druckschwankungen im Schädel ergeben, durch die Kombination von stark erhöhtem Liquordruck und neuem, hoffentlich funktionsfähigem Ventil. Bei einem zu raschen Druckabfall fällt das Gehirn in sich zusammen, es ‚kollabiert', und dies löst häufig lebensgefährliche Blutungen aus den Hauptblutbahnen aus.
Dazu kommt, daß Lydias Allgemeinbefinden nicht gut ist. Wie wird ihr Herz die erneute Belastung verkraften? Und wie groß ist zur Zeit ihre Krampfbereitschaft? — In der Mitte der großen Fontanelle ist seit einiger Zeit deutlich ein harter Knubbel zu fühlen. Was hat er wohl für eine Bedeutung? Eine Knocheninsel? Ist es normal oder nicht? Auch die Kinderärztin kann das nicht sicher beurteilen.
Sollen wir dieses Kind doch nicht haben? Ist jetzt der Zeitpunkt gekommen, wo wir sie endgültig an Gott zurückgeben müssen? Dieser Gedanke schien uns schon kurz nach der Geburt fast untragbar zu sein. Inzwischen hat Lydia sich, so wie sie ist, einen festen Platz in unseren Herzen erobert. Und obwohl unsere Zukunft noch nie so dunkel ausgesehen hat wie heute, der Gedanke, Lydia jetzt abgeben zu müssen, ist mir unerträglich. Und doch weiß ich in allem Schmerz, daß Gottes Plan mit uns auch dann nur unser Bestes enthält und alle Kraft für uns bereitsteht. Aber „JA" sagen, das kann ich noch nicht.

Einige Zeit nach Lydias Geburt hat mir ein wohlwollender, selbst durch schweres Leid geprüfter Mensch, wohl in trostspendender Absicht, gesagt: „Meine Frau und ich beten oft für Sie — daß der Herr das kleine unglückliche Wesen schnell wieder zu sich nimmt und Ihnen Kraft gibt!" Bei allem Respekt vor dem älteren Mann habe ich mich kaum beherrschen können und geantwortet: „Aber wir *wollen* Lydia doch *behalten!*" Ich weiß nicht, ob er mich damals verstanden hat, aber heute wünsche ich mir mehr denn je, daß seine Gebete *nicht* erhört werden.
Diesen Freitagmorgen werde ich wohl nie vergessen. Ich wünsche mir eine Dauerverbindung zur Klinik, um immer über den neuesten Stand unterrichtet zu sein.

8.00 Uhr: Die genaue Operationszeit steht noch nicht fest, erst sind andere Patienten an der Reihe.

10.00 Uhr: Lydia ist vorbereitet, aber noch in der Kinderklinik.
11.00 Uhr: Lydia ist unterwegs zur neurochirurgischen Klinik, mit Kinderarzt und Schwester als Begleitung.
13.00 Uhr: Sie sind noch nicht zurück... warum dauert das nur so lange?
14.00 Uhr: Der Transport ist gerade eingetroffen: Lydia ist wach, reagiert gut, die Tropfinfusion kann schon entfernt werden, d. h., es geht ihr so gut, daß ein ständiger Zugang zu den Venen, sowie eine künstliche Ernährung nicht mehr erforderlich sind!
20.00 Uhr: Etwas schlapp, aber hungrig liegt Lydia an meiner Brust.

„Denn ich weiß wohl, was ich für Gedanken mit euch habe, spricht der Herr,
Gedanken des Friedens und nicht des Leides,
daß ich euch Zukunft und Hoffnung gebe!" Jeremia 29,11

Lydia lebt! Und es geht ihr so sehr viel besser als in den vergangenen Wochen! Wir sind glücklich und voller Jubel, das neue Ventil funktioniert perfekt! Seit der OP ist noch keine Woche vergangen, aber die große Fontanelle ist bereits ganz flach und pulsiert weich. Es gibt bisher keinerlei Anzeichen für Blutungen innerhalb des Schädels, und Lydia ist deutlich lebhafter und an ihrer Umwelt interessiert. Sie freut sich, wenn ich komme, und zeigt den Schwestern unmißverständlich, daß sie von der Flaschennahrung nicht viel hält. Ich fahre nach Möglichkeit für die Mahlzeiten um 7.00 und 11.00 Uhr und nochmal am Abend um 18.00 Uhr zu ihr.

Die OP-Wunde heilt wieder problemlos, was nicht selbstverständlich ist, immerhin ist die alte Narbe zum zweiten Mal aufgeschnitten worden. Auch ihr Herz hat bei der OP ohne Unregelmäßigkeiten gut gearbeitet. Das Herzgeräusch ist inzwischen ganz verschwunden, es sieht so aus, als könnten wir das Kapitel ‚Herzfehler' getrost zu den Akten legen!

Nächsten Sonntag ist Ostern. Eigentlich sollte sie ja erst danach entlassen werden, aber da es ihr so gut geht, frage ich, ob wir sie wenigstens für Ostermontag holen dürfen – zur Taufe.

Am Karfreitag, sieben Tage nach der OP, können wir Lydia abends aus der Klinik abholen, nicht nur auf ‚Urlaub', sondern endgültig!

Und diesmal bin ich zuversichtlich, daß wir die Klinikaufenthalte fürs erste hinter uns haben.

Ostern! So wird uns das Osterfest in diesem Jahr dreifach wichtig: Das Gedenken an die Auferstehung unseres Herrn, unserer Lydia geht es nach der erfolgreichen OP endlich besser, und wir dürfen mit Freunden und Verwandten ihre Taufe feiern!

Es wird ein wirkliches Jubelfest. Wie glücklich bin ich, ihr nun das hübsche gelbe Taufkleidchen anziehen zu können! Ist es wirklich erst dreizehn Tage her, seit mir ein Blick auf die CT-Bilder alle Hoffnung für Lydia nahm? Erst zehn Tage seit der OP? Und noch keine Woche seit dem Tag, an dem ich ihr in der Klinik das von einer Bekannten geliehene, gehäkelte Taufkleidchen – und vor allem das Mützchen – anprobierte und sie so zur Stationsschwester trug, mit der bangen Frage, ob Lydia für diesen Tag beurlaubt werden könnte?

Unsere Gäste sparen nicht mit Bestätigungen, daß sich Lydias Befinden sichtlich gebessert habe. Nun, ein wenig Bedenken habe ich schon, ob der ganze Rummel nicht zu anstrengend für Lydia ist; ich beschließe, darauf zu achten, daß sie ausreichend Ruhe (und Schmuseeinheiten!) bekommen wird.

Als ich Lydia in der alten Kirche über das Taufbecken halte, streckt sie mir ihre Arme entgegen und lächelt leicht. Ja, dieses Kind lehrt mich, daß Kinder Geschenke Gottes sind, die Er uns für eine Zeit anvertraut – die aber letztlich Sein Eigentum bleiben, auf das wir keinen Anspruch haben, an dem wir aber unsere Aufgabe zu erfüllen haben.

Und über all dem steht Gottes wunderbare Verheißung aus Jeremia 29,11:

„Ich weiß wohl, was ich für Gedanken über euch habe," spricht der Herr, „Gedanken des Friedens und nicht des Leides, daß ich euch Zukunft und Hoffnung gebe!"

Was wären solche Feste ohne das Wissen um den Alltag? Frohen Mutes durch das gerade Erlebte machen wir uns nach einer eintägigen Erholungspause wieder an die Arbeit. Und die heißt für Lydia: Turnen, Turnen und nochmals Turnen. Hier müssen wir fast ganz von vorne beginnen. Was sie während der ersten Wochen zu Hause erworben hatte, ist durch die beiden Krankenhausaufenthalte wieder verloren gegangen. Zwar hatten wir auch vor der letzten OP ein gewisses Programm an Übungen absolviert – aber da Lydia ja sehr geschwächt und teilnahmslos war, blieb der Erfolg aus.

Doch jetzt erlaubt Lydias Zustand eine Wiederaufnahme und ein rasches Ausbauen des Krankengymnastikprogrammes. Inzwischen bin ich nicht mehr entsetzt, wenn Woche für Woche neue Übungen hinzukommen. Eher erstaunt es mich, einmal ohne Erweiterung von der Krankengymnastik nach Hause fahren zu können. Die 4 x 20 Minuten Turnzeit pro Tag gehören längst der Vergangenheit an, unser Soll liegt nun bei 4 x 45 Minuten. Wobei das „4 x" meine Möglichkeiten übersteigt. Wie ich den Tagesablauf auch drehe und schiebe, über 3 x Turnen kommen wir selten hinaus.

Da es Lydia so gut geht, können wir auch mal an uns und die beiden „Großen" denken. Wir entschließen uns kurzfristig, für eine Woche in die Klostermühle zu fahren. Die Klostermühle ist ein Freizeitheim der Fackelträger, einer überkonfessionellen christlichen Gemeinschaft. Mein Mann und ich haben unseren Urlaub schon oft dort verbracht – zum letzten Mal vor 3½ Jahren, als Miriam unterwegs war. Und nun fahren wir als Familie mit drei Kindern dort hin! Vorsichtshalber haben wir uns die Anschriften der nächstgelegenen Kliniken besorgt, damit wir im Notfall mit Lydia schnell zu einem mit Pudenz-Heyer-Ventilen vertrauten Arzt können.

Wie genießen wir das Zusammensein mit den Mitarbeitern und anderen Familien auf der Familienfreizeit Anfang Mai!

In mehreren Gesprächen dort wird mir plötzlich bewußt, daß durch das akute Geschehen um Lydia ein anderes brennendes Problem in unserer Familie ganz in den Hintergrund geraten ist: mein Verhältnis zu unserem Pflegekind, zu Susanne. Und ich ahne, daß nun endlich ein Entscheidungsprozeß in Gang kommt. Aber was wird er für uns als Familie und für jeden einzelnen bringen?

Mitten in der Ferienwoche erwischt mich dann ganz etwas anderes, der Schrecken aller stillenden Mütter: Mastitis – eine Brustentzündung! Fieber, Kreislaufstörungen, und starke Schmerzen in der Brust. Nun, die Aussicht, mal nur im Bett zu liegen, hat für eine Leseratte auch eine positive Seite. Mein Mann besorgt mir also Lesestoff aus der Bücherstube. Dort gibt es auch ein Buch über's Stillen, das ich schon zu Hause gelesen habe, und aus dem ich nun Tips für das Verhalten bei einer Mastitis entnehme. Zwei Tage lang kämpfen Lydia und ich gemeinsam gegen den ‚Stillfeind': mit Tee und Zwieback, Bettruhe, warmen Umschlägen, einem spannenden Buch und vor allem häufigem, d. h. 1-2 stündlichem Anlegen, um einen zusätzlichen Milchstau zu verhindern. Dann haben wir für's erste gesiegt: Schmerzen und Fieber sind vorbei, der Kreislauf benimmt sich wieder manierlich. Doch sobald wir zu Hause sind, werde ich meinen Arzt aufsuchen, denn ich bin sicher, daß die Krankheitserreger noch nicht ganz aufgegeben haben.

Wieder in Wuppertal, füllt erst mal ein anderes Ereignis unsere Gedanken aus: wir haben einen Termin für die Spina-bifida-Ambulanz in Köln. Die Tatsache, selber mit dem Auto die 50 km nach Köln zu fahren, macht mir mehr Angst, als die Konfrontation mit den Medizinern. Doch ganz ohne Skepsis sind wir auch da nicht. Der Besuch in Köln wird dann aber zu einer angenehmen Überraschung für uns. In knapp 2 Stunden wird Lydia von verschiedenen Spezialisten gründlich untersucht: Kinderarzt, Orthopäde, Neurologe, Urologe, Krankengymnasten sind da, eine Psychologin ist zu erreichen, es werden mittels Ultraschall sogenannte ‚Echo-Bilder' von Blase, Nieren und Gehirn angefertigt, Urin- und Blutuntersuchungen vorgenommen und für die nächste Konsultation Röntgenaufnahmen vorgesehen.
Und das Beste: Außer zu den Echos brauchen wir das Behandlungszimmer nicht zu verlassen, die Ärzte und Therapeuten kommen zu uns! Alle sind sehr freundlich und mitteilsam, es wird darauf geachtet, Lydia nicht zu verängstigen und uns Eltern genug Gelegenheit zu geben, mitzudenken und zu fragen.
Da ich mit Miriam schon mehrmals für eine Röntgenaufnahme mehrere Stunden in einer Klinik nur mit Warten verbracht habe, beeindruckt mich dieser reibungslose Ablauf sehr.
Und auch das Ergebnis ist ermutigend. Wir hatten damit gerechnet, daß in dieser Spezialambulanz weitere behandlungsbedürftige Befunde und Risiken zu Tage treten würden. Daher beruhigt es uns sehr, als der Kinderarzt uns bestätigt, daß Lydias Therapie zur Zeit ihre Bedürfnisse optimal abdeckt. Ein Untersuchungsergebnis ist mir besonders wichtig: Im Echo-Bild der Blase ist zu erkennen, daß nach dem Ausdrücken nur noch ein Harnrest von weniger als 5 ml zurückbleibt. Ein großer Restharn würde die gefürchteten Harnwegsinfekte begünstigen.
Von nun an werden wir in regelmäßigen Abständen die Spina-bifida-Ambulanz aufsuchen.
Nach der Ambulanz sind wir bei einer Familie der dortigen ASbH-Bereichsgruppe eingeladen. Am Abend besuchen wir dann gemeinsam einen ASbH-Eltern-Treff. Lydia ist natürlich dabei, Miriam und Susanne verleben diesen Tag bei Freunden. Es ist etwas er-

schreckend für uns, hier mit einer Vielfalt von möglichen Spinabifida-Ausprägungen konfrontiert zu werden.
Die meisten Mütter berichten, daß sie 5 x täglich mit ihren Kindern die Krankengymnastik-Übungen vornehmen! – Manche fahren täglich zur Krankengymnastin. Der Tag beginnt um 6.00 Uhr und endet um 22.00 Uhr – 5 x Krankengymnastik – und das, obwohl zum Teil auch noch andere Kinder da sind. Was erzählt diese Mutter gerade? „..., nun, ohne Haus- oder Kindermädchen würde ich das auch nicht können." Ach so...
Ein anderes Elternpaar berichtet von seinem erst wenige Wochen alten Kind, dessen Behinderung weit stärker ausgeprägt ist als Lydias.
Spät am Abend fahren wir recht unbefriedigt nach Hause. Liegt es daran, daß die Menschen in Köln „von einem anderen Schlag" sind, wie man bei uns sagt? Oder an der Begegnung mit so vielen Familien mit Spina-bifida-Kindern und deren verschiedenartigen Problemen? Oder sind wir einfach übermüdet?
Die ASbH-Gruppe in Köln ist eigentlich auch für engere Kontakte zu weit von uns weg. Was wir uns wünschen, wäre das Kennenlernen von Eltern in ähnlicher Situation in der Nähe unseres Wohnortes.

Wenige Tage danach meldet sich die Mastitis wieder, diesmal kommt der Großangriff. Dagegen waren die zwei Tage im Urlaub das reinste Zuckerschlecken. Nun muß ich Medikamente nehmen, die meine Milch für Lydia ungenießbar machen; die Milchpumpe zieht wieder bei uns ein. Mein Gynäkologe rät, ganz abzustillen. Aber gerade jetzt, wo Lydia so viel an Zuwendung nachholen muß? Wo wir erstmals die Chance haben, in Ruhe zu stillen, uns aufeinander einzustellen? Wo die Muttermilch doch die beste Ernährung für Säuglinge ist! Mein Kinderarzt sagt: „Nach der Behandlung weiter stillen!"
Quer durch die Ärzteschaft geht der Bruch: Die einen sehen kein Problem bei geeigneten Medikamenten auch während einer Mastitis zu stillen, die anderen sprechen von der „Zumutung, dem Kind Eiter zu trinken zu geben!".
Den Ausschlag gibt dann Lydia: Sie verweigert standhaft alle andere Nahrung, sogar Tee! Den kleinsten Schluck erbricht sie doppelt. Der Sauger der Flasche erzeugt bereits an ihren Lippen solch einen Ekel, daß sie würgt. Mit dem Teelöffel schaffen wir immerhin 5–6

Füllungen (= 30 ml), aber dann geht es auch hierbei rückwärts. Nach 36 Stunden ist Lydia ausgetrocknet und fiebert. Wenn ich nicht bestimmte Medikamente genommen hätte, würde ich sie ja anlegen. Aber nun muß sie etwas anderes zu sich nehmen! Alle mir bekannten und geeignet erscheinenden Babynahrungen haben wir probiert. Wenn ich jetzt wieder den Kinderarzt anrufe, wird Lydia sicher in die Klinik eingewiesen, zur künstlichen Ernährung. Seltsam, sie hat doch in der Klinik bisher wenigstens etwas Frühgeborenennahrung getrunken? Ich starte einen letzten Versuch und telefoniere mit einem Apotheker in unserem Städtchen. Nachdem wir etwa eine halbe Stunde lang das Problem diskutiert haben, besorgt er mir eine Spezialnahrung für junge, geschwächte Säuglinge.
Und Lydia nimmt diese Nahrung an! Sei es, weil sie völlig ausgehungert ist oder weil ihr diese Nahrung vielleicht sogar schmeckt – sie trinkt eine kleine Flasche leer!
Mir hat ihr Verhalten den Weg gezeigt: Ich lasse mir ein Medikament verschreiben, von dem bekannt ist, daß es bei stillenden Müttern ohne Gefahr für das Kind angewendet werden darf, und setze die anderen Medikamente ab.
Rat und Unterstützung erhalte ich in diesen Tagen von Frau M., die Mitglied in der La Leche League ist (LLL). In der LLL finden sich stillende Mütter zusammen, um sich gegenseitig in der Stillzeit zu beraten. Schon während der Schwangerschaft hatte ich den Kontakt zu Frau M. gesucht und viele hilfreiche Tips von ihr erhalten. So kann sie mir diesmal von eigenen Erfahrungen mit einer Brustentzündung und deren Behandlung berichten.
Nach einer Wartezeit von zwei Tagen kann ich Lydia wieder stillen. Und die Entzündung klingt ab. Sechs Wochen später flammt sie noch einmal kurz auf, aber dank der gemachten Erfahrungen ist sie schnell verbannt, diesmal endgültig.
Keine Erkrankung ohne Sinn. Da ich bisher von ernsteren Krankheiten verschont war, brachten mir diese Brustentzündungen ein ganz neues Erlebnis: das Empfinden des Ausgeliefertseins an wahnsinnige Schmerzen und die Unfähigkeit, sich aufzuraffen. Bisher hatte ich wenig Verständnis für Freunde, die, wie ich dachte, zu schnell der Schwäche nachgaben. Aber nun weiß ich, wie es wirklich ist, wenn der eigene Körper sich dem Willen versagt, mag dieser noch so stark sein.

*"Es wird nicht dunkel bleiben
über denen, die in Angst sind."* Jesaja 8,23

Die Sonne scheint warm herab, ich spüre den Sand unter mir und den leichten, salzigen Wind. Neben mir liegt eine strahlende, vergnügte Lydia, brabbelt: „Galli, galli, galli", blinzelt gegen die Helligkeit an und leckt sich den Sand von den Fingern. Ein paar Meter weiter steht Miriam mit hochgekrempelten Hosenbeinen in den letzten Ausläufern der Wellen und gibt ihrem Papa Anweisungen für den Bau eines tiefen Loches mit Zu- und Abflußrinne.
Urlaub! Drei Wochen Sonne, Sand und Meer! Wie froh und dankbar bin ich, daß wir hier am Strand liegen und uns rundherum erholen dürfen! Wie wunderbar hat Gott uns geführt – bis hierhin nach Dahme, einem wunderschönen Familienbad an der Ostseeküste.
Voller Staunen sehe ich auf die vergangenen Wochen und Monate zurück: Nach der letzten Ventilrevision Ende März erholte sich Lydia langsam, aber doch für alle gut erkennbar von all dem, was sie in den ersten vier Monaten durchgemacht hatte. Es war eine große Freude und Erleichterung für uns.
Anfang Juni wurden Miriam und Susanne in den evangelischen Kindergarten aufgenommen. Besonders froh waren wir darüber, daß auch Miriam, die ja erst 3 1/2 Jahre alt war, einen Platz dort bekam. Die Leiterin und der zuständige Pfarrer hatten großes Verständnis für Miriams schwierige Situation zwischen Susanne, die nun jeden Tag im Kindergarten viel erleben würde, und Lydia, die mich so ganz in Anspruch nahm, daß für die von Lerneifer und wilder Energie überschäumende Miriam viel zu wenig Zeit übrigblieb. Also wurde auch Miriam für den Kindergarten angenommen.
Die Abwesenheit der beiden Großen am Vormittag nutzte ich, um mich intensiv Lydia zu widmen, ohne ständig zwei eifersüchtige, bittende Augenpaare in der Nähe zu haben.
Da unser jüngster Sproß uns keine akuten Sorgen bereitete, stellten wir uns endlich einem Problem, das schon lange im Untergrund schwelte: mein Verhältnis zu unserem Pflegekind Susanne. Da lebte nun in unserer Familie dieses Kind, das meine ehrliche Zuneigung nötiger brauchte als alles andere – und ich hatte kaum Zeit für Susanne, weil Lydia meine ganze Kraft verlangte. Immer und immer wieder sprachen mein Mann und ich mit einem evangelischen Familienberater, der uns gut kannte und auch die Situation

mit Susanne und Lydia von Anfang an verfolgt hatte, diese Problematik durch. Auch der Freundeskreis hatte gute Ratschläge, die Sachbearbeiterin vom Jugendamt war sehr hilfsbereit, aber letztlich waren Susannes Augen ständig auf *mich* gerichtet: voller Traurigkeit aber auch voller Trotz und Abwehr. Ich war verzweifelt.
Das ganze Kind war wie eine einzige Anklage an mich: „Warum hast du mich nicht lieb?" Ich wollte ja, versuchte vieles, aber es wurde nur Krampf. Wir waren uns so sicher, daß Gott uns gerade dieses Kind zugeführt hatte – aber wie paßte unsere jetzige Situation in einen sinnvollen, unser Bestes wollenden Plan? Und warum mußte dieses hilflose Kind darunter leiden?
Schließlich rangen wir uns zu einer Entscheidung durch: Wir baten die zuständige Dame im Jugendamt, eine neue Pflegefamilie für Susanne zu suchen.
Das war 6 Wochen vor unserem geplanten Urlaub. Wir wollten Susanne natürlich nicht von heute auf morgen abgeben, und wir hätten sie auch mit in den Urlaub genommen, doch wir erhofften uns eine letzte Bestätigung für die Richtigkeit unserer Entscheidung darin, daß sich vorher eine geeignete Familie für Susanne finden würde. Aber was dann geschah, kann ich im Rückblick nur als Gottes Führung betrachten: 8 Tage nachdem ich mit der Dame vom Jugendamt gesprochen hatte, teilte uns ein Ehepaar aus unserem Hauskreis mit, daß sie Susanne nehmen würden – mit dem Jugendamt hatten sie bereits gesprochen. Das nächste Wochenende verbrachte Susanne dann dort. Und bereits Mitte der folgenden Woche zog sie um. Daß sich alle schon kannten und unsere Kinder häufig dort gespielt und geschlafen hatten, erwies sich nun als sehr hilfreich. So wurde der Bruch für Susanne nicht gar so groß.
Unsere Familie ist kleiner geworden. Ich bin traurig und froh zugleich. Traurig, weil wir nicht gewollt hatten, daß Susanne bei uns nur Gast war und weil wir um die Problematik eines Neuanfangs für sie wissen; froh, weil dieser Neuanfang für uns alle Hoffnungen und neue Möglichkeiten bringt. *Warum* das so geschehen mußte, weiß ich nicht, aber ich glaube, daß wir jetzt auf dem richtigen Weg sind.

Nun liegen wir hier am Strand. „Mama, guck mal, ich füttere das Meer!" Miriam steht im Wasser und wirft mit ihrer Schaufel Sand ins Meer. Doch wir müssen ans Heimgehen denken, Lydia hat noch ein volles Gymnastikprogramm zu absolvieren, bevor sie ins Bett kommt.

Wir haben hier eine hübsche Ferienwohnung gemietet, die Bekannten gehört. In ein Hotel könnten wir uns mit Lydia ja nicht wagen. Sie schreit beim Turnen noch immer aus vollen Kräften. Doch diese Wohnung, nur etwa 10 Minuten vom Strand entfernt, ist ideal für uns, mit großem Wohn-Schlafraum, kleinem Kinderzimmer für unsere Töchter, einer Küche mit stabilem Eßtisch, gut geeignet zum Turnen; und zwischen Küche und Hausflur liegen Bad und Wohnungsflur als Lärmdämmung.
Während ich mit Lydia turne und Herbert mit Miriam spielt, denke ich über eben dieses Turnen nach. Wir sind inzwischen auf 3 x 1 Stunde Turnen pro Tag angekommen, und zu unserer Pflicht gehört seit kurzem eine ganz besonders harte Übung: das Kind liegt auf dem Bauch, vor mir auf dem Tisch, den Kopf von mir weggewandt, die Beine in knieender Stellung unter sich, die Füße hängen über die Tischkante; das Köpfchen liegt auf der Seite, einen Arm ziehe ich gerade nach hinten aufs Gesäß, den anderen strecke ich lang nach vorne, vor dem Gesicht des Kindes her; nun lege ich mich mit meinem Oberkörper auf Lydias Rücken, halte mit meinem Ellenbogen ihre Knie in der richtigen Stellung, und gebe kurze Druckimpulse auf ihr Gesäß, wobei ich mit der freien Hand unter ihrer Schulter her von hinten den Kopf greife und diesen nach vorne und auf die Unterlage drücke, wodurch der Nacken gestreckt wird. Diese Haltung soll eine Minute lang durchgehalten werden. Dann wechseln wir Kopf und Armhaltung, die andere Seite ist an der Reihe. Wie lang doch eine Minute ist! Herberts Digitaluhr zählt unbarmherzig von 00 bis 59 – und läßt sich aber auch von gar nichts dazu bewegen, schneller zu laufen! So geht es 6x jede Seite. Das sind insgesamt 12 Minuten. Die anderen Vojta-Übungen sehen nicht viel anders aus. Lydias Protest erstreckt sich von Stöhnen über Wimmern bis zu lautem Geschrei, aber ich weiß, daß auf diese Weise Nervenbahnen aktiviert werden, die ihr sonst für immer verloren wären.
Nach dieser Schwerarbeit sind wir beide naß geschwitzt, Lydia genießt es, warm abgewaschen zu werden; und danach haben wir uns eine Ruhepause beim Stillen verdient.
Trotz meiner bejahenden Einstellung zur Krankengymnastik, – unter Urlaub stelle ich mir etwas anderes vor als dieses ‚3 mal täglich 1 Stunde'. Zumal, wenn Miriam und Herbert faulenzen können, in Sichtweite, versteht sich. Die logische Konsequenz: Wir schlampen ein wenig oder auch ein wenig mehr, die Minuten werden kürzer,

die 6mal werden zu 4mal, die eine oder andere Übung fällt unter den Tisch, oder eine ganze Turneinheit bleibt am Strand im Sand stecken. Sicher handeln wir uns auf diese Weise mehr Erholung ein, aber auch ein schlechtes Gewissen, Unzufriedenheit und Selbstvorwürfe. Was ist nun wichtiger: ein geruhsamer Urlaub oder ein konsequent durchgehaltener Vojta? Ich weiß es wirklich nicht. Optimal ist unsere augenblickliche Handhabung jedenfalls nicht. Bevor ich Lydia ins Bett bringe, wickele ich noch ihre Beine ein. Das ist ein Tip, den mir die Ärztin beim letzten Klinikaufenthalt mitgegeben hat und den unsere Krankengymnastin durch Rücksprache mit einem Professor der Orthopädie verfeinert hat. Lydias gelähmte Beinchen neigen dazu, in der Hüfte und in den Knien nach außen zu fallen, in die sogenannte ‚Froschhaltung'. Außerdem besteht eine Neigung, Hüft- und Kniegelenke leicht anzubeugen. Wenn diese Bewegungen nun zu Muskelversteifungen und Fehlstellungen der Knochen führen, würden Lydia später viele Bewegungsmöglichkeiten erschwert und z.B. das Stehen in Stehapparaturen unmöglich gemacht. Um dieser Entwicklung entgegenzuwirken, umwickele ich ihr jeden Abend Hüfte und Beine, die mit einer kleinen Handtuchrolle auf Abstand gehalten werden (in der sogenannten Mittelstellung), mit einer breiten elastischen Binde; so werden alle Gelenke gestreckt. Lydia schläft dann auf dem Bauch, ihre Füße werden durch einen Schaumgummiring so gehalten, daß sie in normaler rechtwinkliger Stellung zum Bein liegen. Diese Bandage hält sie etwa 4–5 Stunden um, den Rest der Nacht darf sie ‚frei' schlafen. Lydia hat sich schnell daran gewöhnt und schläft ohne Schwierigkeiten damit ein. Ihre Beine sind beim Auswickeln gut durchblutet – wunderbar warm. Anschließend gibt es dann noch eine Runde Stillen, und bald ist unser Töchterchen wieder eingeschlafen.

Bis zum Morgen kommt sie noch 1–2mal, um eine Mahlzeit und eine trockene Windel zu verlangen. In den ersten Wochen hatten wir so unsere Mühe, uns an diesen Rhythmus zu gewöhnen, aber inzwischen erledigen wir alles im Halbschlaf, ich das Stillen und Herbert das Wickeln. Es kommt auch vor, daß wir alle beim Stillen fest einschlafen. Irgendwann wird Lydia dann wieder hungrig und macht durch Quiecken und Reißen an meiner Brust darauf aufmerksam. Miriam, die ebenfalls in den frühen Morgenstunden in unser großes Bett überwechselt, schläft bei all dem fest durch. Zu Hause verläßt mein Mann gegen 6.00 Uhr unser gemeinsames

Lager – aber jetzt im Urlaub können wir es genießen, wenn die Kinder bis 9.00 Uhr Ruhe halten.

Wenn wir am Strand sind, ist es jedesmal dasselbe: Eigentlich will ich ja in Ruhe meinem Hobby frönen und ein Buch lesen – aber ich kann mich nicht darauf konzentrieren, die Umgebung lädt zum Nichts-Tun ein, zum Schauen und Denken. Immer wieder wandern meine Gedanken in die vergangenen Wochen zurück:

In den Tagen nach der letzten Ventil-OP hätte ich es kaum für möglich gehalten, daß Lydia fünf Monate später ein fröhlicher, munterer Schatz ist. Als äußeres Zeichen für das gute Funktionieren des Ventils ging der Kopfumfang von 45,6 cm bis auf 44,4 cm herunter und ist bisher nicht wieder gewachsen! An Lydias Reaktionen und ihrem wachsenden Interesse an ihrer Umwelt war jeden Tag neu zu erkennen, wie sich auch ihre Gehirnzellen zu erholen begannen. Im Alter von fast fünf Monaten schaffte sie es endlich, ihr Köpfchen in Bauchlage zu heben! Was normalerweise schon das Neugeborene kann, versetzte uns bei Lydia fünf Monate später in einen Freudentaumel.

In dieser Zeit hielt sie auch zum ersten Mal ein Spielzeug fest in der Hand und führte es zum Mund, um daran zu lecken! Daraus und aus ihrer Leidenschaft fürs Schmusen und Kuscheln entwickelte sich schnell eine für sie nun typische Angewohnheit: Sie nuckelt ständig an einem Bändel, Stoffläppchen oder einem Zipfel der Bettdecke herum. Früher war ich ein Gegner von all den unhygienischen Schmuselappen, aber nun habe ich dem übergroßen Kuschel- und Nuckelbedürfnis meiner Tochter nachgegeben und ihr aus weichem blauen Frotteevelours Schmusetüchlein genäht. So verändern Kinder ihre Mütter.

Noch eine andere Eigenart hat Lydia entwickelt: Sie gähnt und hustet stets mit der Hand vor dem Mund! Dabei versteckt sie ihre sieben Zähnchen. Das erste bekam sie schon mit vier Monaten, das siebente hier in der ersten Urlaubswoche. Hinterher grinst sie uns schelmisch an. Ebenfalls seit Mai schnalzt sie begeistert mit der Zunge – und die ganze Familie wetteifert mit ihr.

Im Juni fiel uns dann auf, daß sie noch immer keine anderen Laute als „irre, erre" und „öh" herausbrachte. Alles andere legte sie in ein herzhaftes Lachen. In dieser Zeit bekam Susanne gerade einen schon monatelang angemeldeten Termin zur Sprachtherapie. Auf Anraten unserer Krankengymnastin nahm ich auch Lydia mit dorthin. Wir bekamen einen Vojta-Griff beigebracht, der Kiefer und Lippen stimuliert, um die Lautbildung anzuregen. Nach zwei Wochen explodierte Lydias Sprachschatz förmlich. Inzwischen erzählt sie fast ständig, und in einer Lautstärke, die alle Anwesenden mundtot macht. Die Lieblingsausdrücke ihres Repertoires sind: „Papapa, allllle, alllla, bö" und „galli, galli, galli". Wobei „papa" der Inbegriff für alles Schöne ist – „mamma" gebraucht sie nur als Ausdruck größter Wut, z.B. beim Turnen. Na, ich trage es mit Fassung und Humor, vor allem, wenn Herbert ihr eine Viertelstunde lang „Mama" vorsagt, sie ihn ganz ernst und aufmerksam anschaut, um ihm endlich ein strahlendes „Papa" entgegenzuhalten.

Seit Mitte Juli sind auch Lydias Handbewegungen nicht mehr so fahrig. Wie hatte mich diese deutliche Auswirkung des erhöhten Hirndruckes oft deprimiert! Im August konnte sie Spielzeug von einer Hand zur anderen wechseln, jetzt im September versucht sie, den Dampf über der Kartoffelschüssel zu fangen und schaut erstaunt in ihre leeren Händchen – und alles mit ruhigen, gezielten Bewegungen.

Immer wieder fällt mir auf, wie herzhaft fröhlich sie ist. Schon im Juni spielte sie begeistert „Weg-ist-das-Kind" und hielt sich den rechten Arm vor die Augen, um kurz darauf drunter hervor zu blinzeln und sich glucksend und bebend vor Lachen wieder zu zeigen. Und erst die Beinchen! Die im Dezember gezeigten Bewegungen waren während der Hochdruckphase wieder verlorengegangen, doch in den Sommermonaten stellten sich viele kleine Fortschritte ein, hier ein Zucken, dort ein Strecken, und in den letzten Wochen hat sie auf einen Berührungsreiz am Füßchen hin ein paar Mal das linke Beinchen hochgezogen!

Wenn ich ihr beim Wickeln die Oberschenkel gegen den Bauch drücke, preßt sie sogar etwas gegen den Darm, ich kann es richtig sehen, wie sich die Muskeln an ihrem Pöchen anspannen!

Und das Beste: Lydia zeigt Ansätze zum Robben! Sie versucht, sich mit der Kraft aus Armen und Schultern vorwärts zu ziehen! Seit sie Mitte Juni gelernt hat, die Schultern anzuheben, probiert sie das Robben nun schon, bisher zwar noch ohne sichtbaren Erfolg, aber ich bin sicher, daß Arme und Schultern bald stark genug sind. Der Wille ist jedenfalls vorhanden.

Ich betrachte sie, wie sie neben mir liegt und mit dem Sand spielt, auf dem Gesicht einen zufriedenen Ausdruck. Vor kurzem habe ich mir noch einmal die Bilder von der Taufe angesehen – wie leer und unbeteiligt war da ihr Blick!

Die Gesichtsasymmetrie ist noch immer deutlich, der Kinderarzt meint, es könne sich bis zum vierten Lebensjahr noch auswachsen. Na, vorerst sitzen also alle Mützen schief. Schwieriger sind die Auswirkungen auf die Wirbelsäule zu beheben. Sie hat auf der rechten Seite des Rückens einen Rippenbuckel bekommen. Dieser erschwert es ihr, sich vom Rücken auf den Bauch zu drehen, was für sie ohnehin schon schwierig ist, da sie ja mit den Beinen keinen Schwung holen kann. Aber sie übt das Umdrehen verbissen. Unsere Krankengymnastin hat gesagt, sobald Lydia dies über beide Seiten beherrscht, können wir mehrere Turnübungen wegfallen lassen. Ob wir es bis zum Ende des Urlaubs schaffen?

Lydia hat gemerkt, daß ich sie beobachte, und wird unruhig. Sicher wird sie auch wieder Durst und Hunger haben. Also auf zur Stillrunde! Lydia ‚schnubbert', wie wir fürs Trinken an der Brust sagen, ihre Mahlzeit in weniger als 10 Minuten. Manchmal nuckelt sie dann noch grinsend aus den Mundwinkeln heraus etwas weiter. Sehr zum Entsetzen meines Kinderarztes lehnt sie noch immer jede andere Nahrung ab. Das heißt, einen Keks knabbert sie gerne mal so nebenher, aber Gemüse oder gar Breie – nein! Schon wenn ich ihren Teller fertigmache, weiten sich ihre Augen vor Entsetzen, voller Abwehr streckt sie ihre Ärmchen vor und wendet den Kopf ab. Mehr als 2–3 Löffelchen nimmt sie auch bei bester Laune nicht an. Tja, also eigentlich sollte sie mit ihren 9 Monaten ja nicht mehr ausschließlich gestillt werden, aber sie scheint das Stillen noch zu brauchen und das andere Essen nicht zu vermissen. Und bei der großen Luftveränderung durch den Urlaub will ich sie nicht noch mit Ernährungsexperimenten belasten. Nach dem Urlaub werden wir dann einen neuen Versuch starten.

So, nun ist sie satt und zufrieden. Herbert und Miriam warten, wir wollen noch einen kleinen Spaziergang machen. Ich setze Lydia in den Kinderwagen – das ist auch so eine Sache, das mit dem Sitzen. Lydias Muskeln im Rumpf- und Beckenbereich sind noch nicht stark genug, um den Oberkörper aufrecht und im Gleichgewicht zu halten. Deshalb muß sie z.B. im Kinderwagen noch immer liegen. Damit sie aber etwas von ihrer Umgebung sieht, setzen wir sie manchmal, gut mit Kissen gestützt, ein wenig hin.

Auf unserem Spaziergang sehen wir viele Eltern mit kleinen Kindern, die wie wir die letzten Sommertage an der See genießen. Da muß ich an die Elternpaare denken, die wir am Tag vor unserer Abreise kennengelernt haben.

Es fing damit an, daß ich etwa zwei Wochen vorher einen Zeitungsartikel las, der den ‚Begleitenden Dienst' vorstellte, eine Einrichtung, die Behinderte im Kreis betreut und vor allem Wert auf Kontakte mit Eltern behinderter Kinder legt. Das war ja das, was wir suchten! Also rief ich bei der angegebenen Telefonnummer an. Die Dame dort war zwar recht nett, aber Kontakte mit anderen Spinabifida-Eltern könne sie mir nicht vermitteln – Datenschutz! Nicht mal *meine* Adresse dürfe sie *weiterleiten*.
Doch als ich darüber mit unserer Krankengymnastin sprach, fiel dieser eine Dame im Gesundheitsamt ein, die mir vielleicht weiterhelfen könne. Also startete ich einen neuen Versuch. Und mit Erfolg! Hier waren mehrere Elternpaare bekannt, die im letzten Jahr ein Kind mit einem offenen Rücken oder Hydrozephalus bekommen hatten. Natürlich waren auch hier keine Namen zu erfahren, aber diese Dame erklärte sich bereit, sich bei diesen Eltern nach dem Interesse an einem gegenseitigen Kennenlernen zu erkundigen. Und da bei vielen der Wunsch danach schon lange vorhanden war, konnte sehr bald das erste Treffen stattfinden, eben am Abend vor unserer Urlaubsreise.
Fünf Familien waren dort durch Vater oder Mutter oder gar beide Teile vertreten, und jeder hatte hautnah das Problem der Spina bifida oder des Hydrozephalus erfahren. Zwei Damen vom Gesundheitsamt leiteten unser Zusammensein, aber der Austausch von Erfahrungen und Ratschlägen war von Anfang an so rege, daß wir eher gebremst statt angeregt werden mußten. Wie verschieden waren die Erlebnisse der Geburt und der Konfrontation mit der Wahrheit, und wie ähnlich das Geschehen rund um die Operation! Der Abend reichte einfach nicht aus, alle Fragen und Gedanken auszusprechen. Nach vier lebhaften Stunden trennten wir uns mit der Aussicht auf das nächste Treffen im Herbst.

Unser Strandspaziergang erhält seinen Höhepunkt durch ein dickes Eis für Herbert und je eine Schillerlocke für Miriam und mich – und dann geht's heimwärts. Dort wartet ein erfreulicher Teil der Krankengymnastik auf Lydia: die Rolle. Sie gehört seit Mai zu unserer Ausstattung, sieht aus wie eine Nackenrolle, ist aber wesentlich stabiler und aus einem hübschen orangefarbenen Kunststoff. Lydia arbeitet recht gerne mit ihrer Rolle, und die Erfolge an Hals- und Rumpfmuskulatur sind nicht zu übersehen.
Dann geht es ans ‚Pinseln', das Sensibilisieren. Die Spezialisten

haben entdeckt, daß an den Handflächen, Fingern, Füßen und Zehen sensible Zonen liegen, die eine direkte Verbindung zu Gehirnzellen haben, deren eigentlichen und hauptsächlichen Funktionen woanders liegen. So korrespondieren zum Beispiel die Handballen mit dem Sprachzentrum.
Wenn nun diese Gebiete an Hand oder Fuß gereizt werden, gehen anregende Impulse zu eben diesen Gehirnzellen, die dadurch ein sehr wirksames Training erfahren, ohne daß ihre ursprünglichen Funktionen provoziert werden müssen, was bei einem so kleinen Kind oft schwierig oder gar nicht möglich ist.
Also bepinsele ich ausgesuchte Stellen an Lydias Händen, Füßen und Beinen mit verschiedenen Borsten: Da ist erstmal ein feiner Haar-Malpinsel für die Innenseiten der 4 langen Finger – eine mit der Schere zurechtgestutzte weiche Kinderzahnbürste und 2 härtere Borsten-Malpinsel für die Zehenzwischenräume; ein dicker Anstreicherpinsel betupft Fußränder und -rücken, sowie Handballen und -knöchel; eine derbe Handbürste mit Naturborsten streicht über Beine und Handinnen- sowie -außenflächen.
Schon das Einkaufen dieser Utensilien war lustig, ich muß noch immer lachen, wenn ich an die Verkäuferin denke: „Ja, wenn ich Ihnen Pinsel zeigen soll, müssen Sie mir schon sagen, *was* Sie damit anstreichen wollen!" Ich: „Ja, es muß ein weicher Pinsel sein, der aber beim Tupfen nicht nachgibt." Verkäuferin, etwas pikiert: „Ach, Sie wollen mir wohl nicht sagen, was Sie anstreichen wollen!" Ich: „Ich will gar nichts anstreichen." „. . .!" Na, schließlich habe ich *versucht,* es ihr zu erklären. Ob sie mir geglaubt hat? Und als ich in der Drogerie mir mit einer Kinderzahnbürste über die Hand fuhr und erklärte, daß diese nicht zum Zähneputzen, sondern zur Anregung der Nerven in den Zehenzwischenräumen unseres Babys geeignet sein müsse – da erntete ich Blicke, die nicht gerade Verständnis ausdrückten. Zum Glück habe ich für solche Situationen ein dickes Fell und eine Portion Humor mitbekommen.

Zwischen der Krankengymnastik und unserem Urlaub gibt es einen gravierenden Unterschied: Die Krankengymnastik wird uns noch lange erhalten bleiben – der Urlaub jedoch geht bald zu Ende.
Wir fühlen uns erholt und gestärkt, Herbert und ich haben nebenher eine ambulante Badekur gemacht, mit medizinischen Bädern, Packungen und Massagen, was sich bei mir ganz besonders positiv auf Kreislauf und Rückenmuskulatur ausgewirkt hat. Wir haben alle

Abstand von dem Erleben der letzten Wochen erhalten. Und was uns ganz besonders freut: Miriam und Lydia sind durch die gemeinsamen Erlebnisse ein richtig süßes Gespann geworden. Viel mehr als bisher hatten sie Möglichkeiten und Ruhe, miteinander zu spielen, sich zu entdecken und zu erleben. Vielleicht wird auf diese Weise Miriams verständliche Eifersucht auf Lydia aufgehoben.
So sind wir glücklich und dankbar über die vergangenen drei Wochen und können uns auf das Nach-Hause-Kommen freuen.
Ich bin gespannt, wie sich mein im Urlaub ausgetüftelter Zeitplan in die Praxis umsetzen läßt. Bisher hatte ich große Schwierigkeiten, neben Lydias Turnen, den anfallenden Terminen und den allernötigsten Hausarbeiten noch Zeit für anderes zu erübrigen. Besonders unzufrieden war ich darüber, daß kaum Zeit für Miriam blieb. Nun habe ich also für jeden Tag einen festen Plan aufgestellt, der alle Termine und täglichen Arbeiten berücksichtigt. Die eine Stunde, die vormittags freibleibt, teile ich der Hausarbeit zu, und die etwa zwei Stunden am Nachmittag sollen vorrangig für die Beschäftigung mit den Kindern dasein. Es ist mir eine Hilfe, solch eine Prioritäten- und Zeiteinteilung zu haben, die mich daran erinnert, was wichtig und an der Reihe ist, wenn ich den Überblick zu verlieren drohe. Bei den Turnstunden brauche ich nun nicht mehr ständig daran zu denken, welche und wieviele der anliegenden Arbeiten ich in dieser Zeit würde erledigen können, wenn ich jetzt nicht mit Lydia turnen müßte. Diese Stunden sind nun zu genau festgelegten Tageszeiten nur für die Krankengymnastik reserviert. Also: voller Zuversicht vorwärts in den Alltag!
Da wartet zuerst einmal ein weiterer Termin in der Spina-bifida-Ambulanz in Köln auf uns. Diesmal ist mir ein wenig bange davor. Seit den letzten Urlaubstagen funktioniert Lydias Ventil nicht einwandfrei. Bei der allmorgendlichen Kontrolle spüre ich, wie es sich nach dem Eindrücken etwas zögernd füllt. Rein theoretisch gibt es zwei Möglichkeiten: Die gute wäre, daß der Liquordruck so gut reguliert ist, daß zur Zeit im Schädel ein leichter Unterdruck ist. Die andere ist besorgniserregender: Es kann sein, daß der im Gehirn liegende Katheter langsam verstopft. Ich habe Lydia seither ganz besonders intensiv beobachtet und nach weiteren Symptomen für eine Ventilkrise gesucht, jedoch keine gefunden. Wie werden die Ärzte in Köln die Situation beurteilen?
Zuerst einmal wird dort mittels Ultraschall eine Darstellung der liquorführenden Räume im Gehirn vorgenommen: Kein Anhalts-

punkt für eine Verminderung der Ventilfunktionen! Im Gegenteil, die Größe der Liquorräume und die Gehirnmasse stehen in einem fast normalen Verhältnis zueinander! Natürlich nur *fast* – Lydia *hat* schließlich im Kreislauf des Gehirnwassers Störungen. Doch die Ärzte gestehen, daß sie eine so weitgehende Normalisierung im Frühjahr nicht für möglich gehalten hätten. Wir sind sehr glücklich für unser kleines Mädchen.
Die Gesichtsasymmetrie ist eindeutig besser geworden. Neben den Befunden von Nieren, Blase, Herz und Kopf beschäftigt uns natürlich Lydias soziale und geistige Entwicklung ganz besonders.
Fragen an den Kinderarzt: „Wie gravierend ist Lydias Entwicklungsrückstand?" – „Nun, wir müssen bedenken, daß sie in den ersten vier Lebensmonaten sehr viel durchgemacht hat. Die Operationen, die Krankenhausaufenthalte, der erhöhte Druck im Gehirn – das alles muß erstmal verkraftet werden. Da ist ein gewisser Rückstand verständlich und erlaubt."
„Lydia muß zu jeder Bewegung angeregt werden, eine Spielmöglichkeit x-mal gezeigt bekommen, bevor sie es nachahmt. Verkraftet sie den Wechsel von der intensiven Zuwendung beim Turnen zum Alleine-Spielen nicht?" – „Betrachten wir diese scheinbare Antriebsschwäche als altersgemäß und warten ab, wie sie sich weiter entwickelt!"
„Wir haben gelesen, daß die Ventilfunktion durch kräftiges Schreien des Kindes und durch Infekte gefährdet ist – wie sollen wir uns verhalten?" – „Beide Gefährdungen treffen zu – aber wir müssen beachten, daß eine Erziehung, die jedes Schreien im Ansatz abbiegt und ein konsequentes Fernhalten von anderen Kindern, damit sie sich nirgends ansteckt, weit schwerwiegendere psychische Schäden hervorrufen wird."
Wir sind froh und dankbar, daß hier in der Spina-bifida-Ambulanz neben der umfassenden medizinischen Betreuung auch immer Zeit und Bereitschaft für ein Gespräch ist. Um viele Fragen erleichtert und um gute Ausblicke bereichert, fahren wir nach etwa zwei Stunden wieder nach Hause.
Am nächsten Tag tritt ein Ereignis ein, das wir schon lange ersehnt haben: Lydia sitzt zum ersten Mal in ihrem Kinderhochstuhl. Endlich haben Ärzte und Krankengymnastin grünes Licht dazu gegeben! Die Muskeln im Oberkörper sind nun (hoffentlich) in der Lage, Lydia sitzend aufrecht zu halten. Es ist herrlich anzuschauen, wie sie im Hochstühlchen ‚thront' und einen Keks mümmelt – in der ihr

eigenen Art: langsam, bedächtig und bis zum letzten Krümel sauber.
Diese letzte Septemberwoche hat noch mehr zu bieten: Der 27.9.80 wird für mich zu einem Symbol aller Krankengymnastik-Erfolge: Lydia *hat* die Sprungbereitschaft! Es handelt sich hierbei wieder um einen Reflex, den normalerweise schon ein Säugling mit fünf Monaten zeigt: Ich halte sie vor meinen Körper mit dem Gesicht von mir weg, dann lasse ich ihren Oberkörper nach vorne fallen auf die Unterlage. Sie muß nun reflektorisch beide Arme vorstrecken und sich mit den geöffneten Händen abstützen. Seit wir Lydia zu Hause haben – also seit Anfang Januar – üben wir dies dreimal täglich mehrfach hintereinander. Monatelang habe ich sie mit meiner Hand unter ihrer Brust abgefangen; dann streckte sie die rechte Hand vor, schließlich stützte sie die rechte Hand ab – die linke hing irgendwo herum. Ab und zu kam dann auch der zweite Arm der Matte entgegen, aber mit geschlossener Faust und zu schwach zum Stützen. Heute nun, nach fast neun Monaten (das sind gut 3000 Übungen!), reagiert sie wie gewünscht: Beim Fallen des Oberkörpers schnellen beide Arme mit geöffneten Händen vor, stützen ab, und der Kopf richtet sich auf!
Hatte ich eigentlich überhaupt noch daran geglaubt, daß dies möglich sei? Oder war alles Üben nicht nur noch bloße Routine? Wie dem auch sei – dies *ist* ein Erfolg! Ein riesiger, sichtbarer, meßbarer Erfolg! Es ist wie ein ‚Aha-Erlebnis', ein Wegweiser, auf dem steht: Krankengymnastik ist eine langwierige Angelegenheit – aber sie *führt* zum Erfolg!
Jedem, der es sehen will (oder auch nicht), wird Lydias neueste Errungenschaft vorgeführt. Und ich glaube, es macht Lydia mindestens ebenso viel Freude wie uns!
Ja, Lydia macht uns so viel Freude, durch sie ist unser Leben reicher und glücklicher geworden, gerade weil sie behindert ist. Ob auch sie den Reichtum kennen- und schätzenlernen wird, der in ihrem „Anderssein" liegt? Ich hoffe es! Für viele unserer Freunde und Bekannten bedeutete Lydia die erste hautnahe Konfrontation mit etwas, das man wohl in der Umgangssprache einen „Schicksalsschlag" nennt. Sie sind wie wir aufgerüttelt worden. Was bisher fast selbstverständlich war, die Gesundheit und ein Lebensstil ohne große Einbrüche, bot nun keine Sicherheit mehr. Wir haben gemeinsam gelernt, das Schmerzhafte anzusehen, mit ihm zu leben und uns von ihm fordern zu lassen.

Plötzlich erkannten wir: Wir werden nie wieder ganz so sein können wie früher. Es ist, als hätten wir unsere ‚Jungfräulichkeit' verloren. Doch was darauf folgt, ist anders, aber keinesfalls schlechter. Eine neue, tiefere Dimension tut sich auf: das Leben erkennen lernen – erwachsen werden – reifen. Nicht fallen, sondern wachsen. Einen Schritt weiter gehen – wohin? Zum Erkennen? Zum Lieben? Zum Geduldigsein? Zum Vertrauen.
Anhand der beiden ‚Joni-Bücher' (Joni Eareckson: „Joni" und „Der nächste Schritt") haben wir im Freundeskreis nun gerade an zwei Abenden miteinander erforscht, was uns die Bibel über das Thema „Leid – die Frage nach dem ‚Warum'" zu sagen hat. Und das ist so sehr viel, daß sich für jeden von uns, obwohl die Bibel zu unserem täglichen ‚Handwerkszeug' gehört, ganz neue Erkenntnisse und Perspektiven offenbarten.
Drei Dinge sind mir dabei besonders wichtig geworden:

> 1., *daß wir in all' unserer Not und*
> *unserem Schmerz von Gott Trost*
> *empfangen werden, damit wir diesen*
> *Trost an andere, die Leid tragen,*
> *weitergeben können.*   (2. Kor. 1, 3-6)
> 2., *daß uns, die wir ein Vater-Kind-Ver-*
> *hältnis zu Gott haben, alles,*
> *aber auch wirklich alles zu unserem*
> *Besten dienen wird – auch, wenn wir*
> *das mit unserem begrenzten Verstand*
> *noch nicht begreifen können.*
> *Im Glauben aber dürfen wir diese Ge-*
> *wißheit haben, weil*   (Römer 8,28)
> 3., *Gottes Gedanken so viel höher sind*
> *als unsere Gedanken,*   (Jesaja 55,8-13)
> *er seine Verheißungen erfüllt*   (Sprüche 3,5)
> *und uns in seinem Sohn alles*
> *anbietet, was wir zu einem erfüllten*
> *Leben brauchen.*   (Offenbarung 21,4 u. 22,17)

Manchmal gehen mir im Alltag der Trost und die Gelassenheit, die diese Verheißungen mir schenken, verloren. Dann bin ich voller Angst, Unruhe und Auflehnung. Doch selbst im Chaos der Gefühle ist tief in mir die Gewißheit, auf eine wunderbare Weise geborgen zu sein. So wie ich weiß, daß mein Mann mich bedingungslos liebt, auch wenn er es nicht ständig sagt oder gar mal heftig wird, so weiß ich, daß mich – uns – *alles* zum Besten – nicht nur zum Guten – nein, zum *Besten* führen wird, weil Gott uns festhält.

Der erste Oktober verspricht ein Tag mit vollem Programm zu werden. Drei Termine warten auf uns:
8.30 Uhr: Augenärztin in Wuppertal mit beiden Kindern,
10.30 Uhr: Sprachtherapie in Mettmann für Miriam,
11.30 Uhr: Krankengymnastik in Mettmann für Lydia.
Und am Abend ist unser Hausbibelkreis.

Doch als ich am frühen Morgen beim Wickeln Lydias Ventil kontrolliere, wird der ganze Tagesplan in wenigen Minuten zunichte gemacht: Das Pümpchen bleibt eingedrückt, es füllt sich nicht wieder mit Liquor! Ich bin sehr erschrocken. Ist der obere Katheter verstopft? Lydia macht sonst einen ganz munteren Eindruck, ist fröhlich und ausgeglichen. Weitere Symptome für eine Ventilstörung finde ich zur Zeit nicht an ihr, aber das Reservoir füllt sich auch nach 15 Minuten noch nicht.

Also muß die Liquorableitung in der Klinik kontrolliert werden. Ich sage alle Termine ab, benachrichtige meinem Mann und unseren Kinderarzt, bringe Miriam zu Freunden und mache mich mit Lydia auf den Weg.

In der Kinderarztpraxis wird mir schon die Klinikeinweisung bereitgehalten und weiter geht es, Richtung Krankenhaus. Doch nun fängt es an, schwierig zu werden: Die Station, auf der Lydia bisher immer lag, hat keine Betten frei; eine andere Station willigt erst nach langen Diskussionen mit der Aufnahmeschwester ein, Lydia zu nehmen. Angeblich ist Lydia zu klein für diese Abteilung! Mein Töchterchen findet alles interessant, aber mich macht das Hin und Her nervös und ärgerlich. Lydias Fontanelle ist inzwischen leicht gespannt – ein Zeichen für steigenden Hirndruck – doch das Reservoir füllt sich noch immer nicht.

Die Schwester in der Aufnahme schickt uns zur Station, doch als ich im Aufzug bin, entschließe ich mich, nicht widerspruchslos zuzuschauen, wie Lydia auf eine Station kommt, wo den Schwestern ein Säugling zu viel Arbeit macht. Und ‚zur Beobachtung', wie ich den vorangegangenen Diskussionen entnehmen konnte, lasse ich sie schon gar nicht dort!

Ich fahre bis zu der Abteilung, wo Lydia früher lag, und finde bald die dortige Stationsärztin. Und, welch ein Glück, dort treffe ich auch den Oberarzt, der bisher für Lydia zuständig war. Die Ärztin zeigt großes Verständnis, der Oberarzt ist einsichtig, und er verfügt über die Entscheidungsgewalt. Er ordnet ein CT an und kümmert sich auch sofort um einen Termin. Schließlich erhält er eine Zusage für morgen mittag um 12.30 Uhr, diesmal nicht in Hagen, sondern bei einem Institut in unserer Stadt. Wir hätten uns ein CT für heute gewünscht, aber das ist wohl nicht möglich.

Mein Anliegen, Lydia wieder mit nach Hause nehmen zu dürfen, stößt auf offene Ohren. Wir sprechen kurz alle möglicherweise auftretenden Komplikationen durch, der Oberarzt gibt der anderen Station Bescheid, und so gehe ich kurz darauf mit Lydia auf dem Arm an der verdutzten Aufnahmeschwester vorbei zum Auto.

Allerdings, so richtig ‚freuen' kann ich mich über diesen ‚Erfolg' nicht. Zwar habe ich erreicht, daß Lydia ein unnötiger Tag in der Klinik erspart bleibt, aber das Bangen um die Ventilfunktion drängt die triumphierenden Gefühle in die Ecke.

Als ich Lydia am frühen Nachmittag nach einem ausgiebigen Mittagsschlaf aus dem Bettchen hole, ist das Reservoir prall gefüllt! Bis zum Abend verliert sich auch die Fontanellenspannung. Und Lydia ist weiterhin munter und unauffällig, ihr hat der Vormittag mit' all der Zuwendung von Mutti und den Ärzten so richtig Spaß gemacht. — Wie der CT-Befund morgen wohl aussehen wird?

Am Abend, als die Kinder schlafen, komme ich ins Grübeln: Wird unser Leben immer unter dem Schatten einer drohenden Ventilkrise stehen? Die Ärzte betonen immer: „Jedes Krankheitszeichen kann auf eine Ventilstörung hinweisen – solange also nichts Gegenteiliges bewiesen ist, gilt jede Erkrankung als beginnende Ventilkrise!" Müssen wir zu jeder Zeit damit rechnen, daß eine Ventilstörung auftritt, mit allen Folgen: Lydia ins Krankenhaus – Operation – Risiko – Rückschritt für ihre Entwicklung – Kampf, das Versäumte aufzuholen – Unruhe für alle Familienmitglieder – Leben mit der Angst vor dem nächsten Ernstfall – und die Furcht vor bleibenden Schäden?

Können wir überhaupt mit dieser ständigen Belastung leben?

Am nächsten Morgen sind Lydia und ich pünktlich um 9.00 Uhr in der Kinderklinik. Miriam verbringt den Tag bei Freunden, und Herbert wartet in seiner Arbeitsstelle auf Nachricht von uns.

Die Belegungssituation der Abteilungen hat sich nicht wesentlich

geändert. Wir werden wieder der Station von gestern zugewiesen. Zu meiner großen Erleichterung erwärmt sich die etwas frostige Atmosphäre, die beim Empfang bestand, schnell, als eine der Examinierten mich als frühere Kollegin erkennt.
Wie froh und dankbar bin ich heute über die Zeit, die ich hier arbeiten durfte! Damals hatte ich mit vielen Schwierigkeiten zu kämpfen und verstand nicht, was für einen Sinn Gott mit meinem Einsatz hier verfolgte. Doch heute erlebe ich, wie das Kennen der speziellen Gepflogenheiten und die geknüpften Kontakte Lydias Weg durch diese Klinik leichter machen.
Lydia begegnet Arzt und Schwestern trotz ihrer Fremdelphase recht freundlich – solange ich bei ihr bin. Als ich kurz ins Arztzimmer kommen muß, erfüllt ihr Geschrei den ganzen Flur. Nach einer gründlichen Untersuchung und einer ausgiebigen ‚Brustmahlzeit' geht es dann mit der Taxe zum Institut für Computertomographie. Natürlich bin ich dabei. Uns begleitet der Stationsarzt persönlich! Es geht alles schnell und gut. Das Beruhigungsmittel wirkt prompt, und die Aufnahmen sind bald fertig. Während ich die tief schlafende Lydia im Vorraum wieder anziehe, fühle ich mich von den Blicken der anderen wartenden Patienten unangenehm abgeschätzt. Und durch einen Türspalt erreichen mich Gesprächsfetzen – Worte, die der Röntgenologe und der Kinderarzt wechseln – Worte, die etwas über das Gehirn meiner Tochter aussagen! „Schauen Sie hier ..." – „... mh, mh, ..." – „... deutliche Zeichen ... Hirnatrophie" – „Vorbefund: ausgeprägter Hydrozephalus."
Alles klingt so sachlich – ja, im wörtlichen Sinn Sach-lich, als handelte es sich um eine Sache, aber nicht um ein Menschenkind, das lachen, weinen und Schmerz empfinden kann!
Hat er wirklich ‚Hirnatrophie' gesagt – und gemeint? Das würde bedeuten, daß Teile von Lydias Hirngewebe atrophieren, d.h., sich zurückbilden, schrumpfen! – Vielleicht als Folge des lange Zeit erhöhten Hirndrucks? Oder als Reaktion auf die operativen Eingriffe? Hat sie nicht schon genug durchgemacht? Warum jetzt auch das noch?
Ich schaue auf das schlafende Kind, kontrolliere Atmung und Puls, wahrscheinlich wird es bald aufwachen. Was geht in seinem Köpfchen vor?
In der Taxe halte ich meine schlaffe, benommene Tochter im Arm und versuche, die Unebenheiten der Straße aufzufangen – neben mir hält der Arzt den Umschlag mit den CT-Bildern in der Hand.

„Kann ich bitte die CT-Bilder sehen? Die vorherigen habe ich auch alle anschauen dürfen." (Warum ist es eigentlich nicht selbstverständlich, daß jeder die ihn betreffenden Befunde zu sehen bekommt?) „Mh,... ich muß erst mal mit dem Oberarzt darüber sprechen." – So schnell gebe ich nicht auf, aber es fällt mir schwer, die Frage auszusprechen: „Sie haben vorhin über eine Hirnatrophie gesprochen. Was bedeutet das für Lydia?" – „Mh, ja... da sind Anzeichen, ich kann das nicht so beurteilen, muß erst sehen, was der Oberarzt meint..." Und es folgt ein Wortschwall über Sinn oder Unsinn der Diagnose Hirnatrophie im Allgemeinen. Aber ich will doch wissen, was das für *mein* Kind bedeutet!

Als wir schließlich wieder in der Klinik sind, ist kein zuständiger Arzt mehr zu erreichen, die reguläre Dienstzeit ist beendet, und die diensthabenden Ärzte sind für CT-Auswertung nicht kompetent. – Immerhin ist zu erfahren, daß für eine Ventilstörung keine Anzeichen zu finden sind, daß also wahrscheinlich ein leichter Unterdruck vorliegt. Klinisch, d.h. von der Untersuchung und Beobachtung her, geht es Lydia ja auch gut.

Ein wenig tut mir der Stationsarzt ja leid, aber ich muß ihn erneut mit einer unangenehmen Situation konfrontieren. Ich habe die Absicht, Lydia heute abend wieder mit nach Hause zu nehmen. Das ‚Normale' wäre, daß sie in der Klinik bleibt, bis die CT-Bilder befundet, also ausgewertet sind, eventuell noch einem Facharzt zur Stellungnahme vorgelegt werden – und das, wo ein arbeitsfreies Wochenende vor der Tür steht. Aber auf Lydia achtgeben kann ich zu Hause mindestens genauso gut, auch ohne ausgewertete CT-Aufnahmen. Außerdem ist ja wohl mit einer akuten Komplikation nicht mehr zu rechnen.

Nach angeregter Argumentation meinerseits und Köpfewiegen andererseits gibt die herbeigeholte diensttuende Oberärztin grünes Licht. Ich lege Wert darauf, eine Entlassung im Einverständnis mit den Ärzten zu erreichen, nur im Notfall würde ich die Erklärung, das Kind ‚auf eigenen Wunsch – gegen ärztlichen Rat' mitzunehmen, unterschreiben. Aber bisher konnte ich immer die – wenn auch zögernde – Zustimmung der Ärzte erhalten.

Zu Hause angekommen, sind alle sehr froh, Lydia so bald wiederzusehen. Der positive Ventil-Befund löst übermütige Freude aus – die ‚Hirnatrophie' will mir nicht über die Lippen.

Als ich am nächsten Tag mit dem Oberarzt darüber spreche, will auch dieser sich nicht festlegen. „Wir müssen abwarten – das sind derart differenzierte Befunde – das kann man nicht so absolut sagen – die CT-Bilder werden dem Arzt, der Lydia immer operiert hat, zur Begutachtung vorgelegt."

In den folgenden Tagen beobachte ich Lydia mit geschärftem Blick. Aber sie macht fast täglich enorme Fortschritte, in der Körpermotorik wie in ihrem Verhalten. Dieses Kind und Hirnatrophie? Das will mir nicht zusammenpassen. Die Wirkung, die dieses Wort auf mich hatte, verblaßt ein wenig, allmählich kann ich auch zu Hause etwas davon andeuten (in der Klinik oder mit Ärzten darüber zu sprechen ist irgendwie beruflich – distanzierter), doch ein leichtes Bangen bleibt im Hintergrund lebendig.

Als nach fast zwei Wochen der Bericht des Neurochirurgen noch nicht in der Kinderklinik ist, rufe ich ihn selber an. Auch er meint, daß keine Ventilstörung vorliegt, sondern im Gegenteil ein Unterdruck im liquorführenden Bereich, und er ist sehr zufrieden mit diesem Befund. Ja, er sagt sogar, daß er solch eine Entwicklung vor einem halben Jahr nicht für möglich gehalten hat. Und daß nun ausgezeichnete Bedingungen für Lydias geistige Entwicklung vorliegen. Ab sofort brauchen wir statt wie bisher jeden Tag, nur noch 1x in der Woche die Ventilfunktion durch ‚Pumpen' zu überprüfen.

Zum Verdacht der Hirnatrophie legt er mir ausführlich seinen Standpunkt dar: Das vorher vom Liquor zusammengepreßte Hirngewebe hat sich durch die Druckverminderung in den letzten Monaten wieder optimal ausdehnen können. Dadurch sind Gebiete mit anscheinend ‚dünner' Hirnmasse entstanden. Es handelt sich also *nicht* um eine echte Atrophie! Und außerdem, so gibt er zu bedenken, ist die medizinische Forschung auf diesem Gebiet noch so jung, das sich absolute Aussagen, vor allem solche negativen Inhalts, gar nicht verantworten lassen.

Der Arzt meint, es sei wichtig, Lydias Entwicklung vorurteilslos zu verfolgen und sie nicht von vornherein auf bestimmte Hirnschädigungen ‚festzulegen'. Nachdem er mir auch noch anhand einiger medizinischer Fallbeispiele die wunderbare Schöpfung des Gehirns aufgezeigt hat, die bisher kein Mensch voll hat erforschen können, bin ich wirklich erleichtert.

Ich kann wieder froh und gelassen abwarten, wie Lydia sich weiter entwickeln wird.

Oh, sie macht riesige Fortschritte! Erschienen ihre Reaktionen auf unser Verhalten bisher eher zufällig, so ‚antwortet' sie jetzt gewollt und gezielt: z.B. ahmt sie Miriams Husten nach, sie hüstelt künstlich und hält sich dabei sogar die Hand vor den Mund – wann immer Miriam hustet. Auch ihre Versuche zu pusten sind allerliebst anzusehen.

Die Heftigkeit, mit der sie ihren erwachenden Willen bekundet, überrascht uns immer wieder: Sie will z.B. zum Spielen nur noch sitzen, nicht mehr wie bisher auf dem Bauch liegen. Und wenn ihr dies oder anderes nicht gelingt oder gar von uns verwehrt wird, dann schüttelt sie heftig ihren linken Arm was „Neinnnnnnn" bedeutet. Nicht nur einmal haben Herbert oder ich uns dabei eine Ohrfeige geholt.

Lydias ‚Sitzen' sieht so aus: Hinter ihr ein großes Polster als gerade Rückenlehne, rechts und links je zwei Polster, die ihr helfen, das seitliche Gleichgewicht zu halten; zwischen ihren Beinchen liegt ein Spielteil, mit dem sie sich weit vornüber gebeugt beschäftigt. Ihre Rumpfmuskulatur ist eben noch sehr schwach. Aber der Ansporn, sich beim Spielen aufzurichten oder sich beim seitlichen Abgleiten an den Kissen abzustützen, ist das beste Training. Und sie hat ganz andere Spielmöglichkeiten als in der Bauchlage. Während sie dort beide Unterarme noch zum Abstützen des Oberkörpers braucht, reicht hier das gelegentliche Abstützen mit einer Hand aus.

Das Drehen vom Rücken auf den Bauch üben wir noch immer. Hierbei ist der Erfolg kaum in Millimetern zu messen, aber die Aussicht auf das versprochene Weglassen einiger Spezialübungen läßt uns durchhalten.

Ende Oktober trage ich auf dem Entwicklungskalender, der neben Lydias Wickelkommode hängt, ein: ‚Dreht sich fast alleine rum'. Einmal hat sie es ganz alleine geschafft. Einmal, aber danach gibt sie wieder lange Zeit bei 3/4 des Weges auf. Dann braucht sie meinen Finger als Hilfestellung, doch ich bin sicher, daß der Finger mehr und mehr ‚nur' noch psychologische Bedeutung hat. Sie *wird* es bald *alleine* schaffen!

Ihre Beinchen sind etwas bewegungsfreudiger geworden. Sie hebt sie, wenn ich ihre Blase ausdrücke, und beim Umdrehen winkelt sie die Knie ein wenig an.

Inzwischen kommt einmal in der Woche eine Beschäftigungstherapeutin von der ‚Lebenshilfe' zu uns, um Lydias Spielverhalten zu fördern. Schon im Sommer war mir aufgefallen, daß Lydia sehr passiv war, kaum eine Regung kam spontan, alles mußte herausgefordert werden. In medizinischen Fachbeiträgen hatte ich gelesen, daß bei Spina-bifida-Kindern bestimmte Abweichungen im Spiel- und Lernverhalten sowie im emotionalen Bereich auftreten können. Falls bei Lydia das eine oder andere Merkmal auftritt, möchte ich es früh genug feststellen können, wobei eine Beschäftigungstherapeutin sicher eine große Hilfe ist. Diese meint nun, daß Lydias Grobmotorik etwa der eines 9 Monate alten Kindes entspricht. Das sind nur noch 2 Monate Rückstand!

> *Aber die auf den Herren harren, kriegen neue Kraft,*
> *daß sie auffahren mit Flügeln wie Adler.*   Jesaja 40,31

Ich sitze in meinem Lieblingssessel und lese. Ab und zu horche ich auf Miriams Unterhaltung mit ihren Puppen im Kinderzimmer oder schaue kurz zu Lydia, die auf dem Teppich spielt. – Was ist das? Ich schaue genauer hin, konzentriere mich auf jede ihrer Bewegungen – tatsächlich: Sie zieht sich vorwärts!! Das begehrte Spielteil lag etwa 2 cm außerhalb ihrer Reichweite, war auch durch extremes Strecken der Arme nicht zu erreichen, aber sie hat sich millimeterweise herangeschoben, bis ihre Finger das Spielzeug ergreifen konnten! Nun ist sie völlig erschöpft, das Köpfchen liegt auf dem ausgestreckten Arm, der noch so verharrt, wie er das Spielteil erreichte. Erst nach einigen Minuten holt sie es sich heran. Aber sie ist vorwärtsgekommen! Seit Mitte Juni – heute ist der 29.10. – also seit 4 1/2 Monaten, hat sie schaukelnd und stöhnend geübt, ihre Bewegungen zu koordinieren, und auf das Anwachsen der Muskelkräfte gewartet. Heute ist es soweit: *Lydia robbt!*
Wie gut ist es, daß wir Telefon haben: Ich kann unser Glück nicht in mir verschließen. So viele Freunde tragen unsere Mühen mit, dieser Erfolg gehört auch ihnen.
Lydias Sitzerlaubnis wird nun auch ausgeweitet und bringt uns eine andere, ganz wesentliche Erleichterung: Lydia darf im Auto in den Kindersitz! Bisher hatte sie noch im angeschnallten Kinderwagenoberteil gelegen. Abgesehen davon, daß sie dafür einfach schon zu lang war, war es auch nicht mehr sehr sicher. Nun sind alle froh über die neue Situation. Lydia kann mehr sehen (und schimpft, sobald das Auto steht), Miriam hat in ihrem neuen, größeren Kindersitz mehr Platz, und mir ist wohler bei dem Gedanken, hinter mir zwei optimal gesicherte Kinder zu haben.
Wir sind voller Optimismus – und sagen spontan für den nächsten

Sommer als Helfer für eine Freizeit im Ausland zu. Noch vor weniger als einem Jahr hatten wir es fast für unmöglich gehalten, mit Lydia jemals in Urlaub zu fahren – wegen der stets möglichen Ventilkrisen – und schon gar nicht ins Ausland!
Auch im November hält unsere gehobene Stimmung an. Ich könnte oft platzen vor Freude und Glück. Miriam und Lydia sind fröhlich und lebhaft. Seit Susanne nicht mehr bei uns lebt, ist Miriam freier und spontaner geworden – eine Bestätigung für die Richtigkeit unserer Entscheidung. Meine Depressionen sind verschwunden, ich schaue zuversichtlicher in die Zukunft, in mir lebt die Gewißheit, nun den Anforderungen meines Lebens wieder gewachsen zu sein. Ein Ausdruck meiner wiedergewonnenen Lebensfreude – und zugleich ein Höhepunkt in diesen Wochen – ist ein ausgiebiger Einkaufsbummel in Düsseldorf. Die Bekannte, die Susanne jetzt betreut, und ich stürmen übermütig, durch vier Kinder verstärkt, die Geschäfte. Neben dem ‚Pflichtprogramm' – zwei Spielwarengeschäfte mit speziellem Behindertenbedarf, für die ich gemeinsam mit der Beschäftigungstherapeutin eine Liste mit Spielmaterial für Lydia aufgestellt hatte – drehen wir unsere ‚Kür' in einer exclusiven Boutique, in der unsere Kinder über eine Stunde lang die hintersten Ecken erkunden. Das Ergebnis unserer Modenschau erleichtert unsere Girokonten erheblich und läßt unsere Männer die Augen verdrehen – aber das Gefühl, wieder jung und unternehmungsfreudig sein zu dürfen, wiegt alles auf.

Der 22. November: Lydia wird heute 1 Jahr alt! Der 1. Geburtstag ihres Kindes ist wohl für alle Eltern ein besonderes Erlebnis, doch wieviel mehr Grund haben wir, zu feiern und dankbar zu sein! Wie sehr hat sich unsere Situation verändert! Vor einem Jahr: Niemand wußte, ob Lydia überleben würde, und wenn, so konnten schwerste Defekte nicht ausgeschlossen werden. Und heute: Eine fröhliche und interessierte Einjährige!
Natürlich – die Behinderung ist da, aber wir erfahren täglich, daß es möglich ist, damit ein glückliches Leben zu führen – für uns und auch für Lydia. Ja, mehr noch: Unser aller Leben ist tiefer und reicher geworden. Dieses Kind ist wie eine zusätzliche Dimension – ein Tor zu einer ungeahnten Vielfalt und Schönheit des Lebens.
Und wenn ich Lydia beobachte, erfüllt mich die Ahnung einer ungeheuren Kraft, mit der sie die Herausforderung ihres Lebens annehmen wird.

Wenige Tage später trifft uns das Gewicht von Lydias Behinderung wieder einmal mit voller Gewalt. Es fängt ganz harmlos an: Während mein Mann Gemeindebriefe verteilt, absolvieren Lydia und ich das letzte Drittel des heutigen Turnprogramms. Als Miriam vorschlägt, am Fenster nach dem Papa Ausschau zu halten, findet sie schnell unsere Zustimmung. Also treffen wir uns am Kinderzimmerfenster. Es ist ein kalter Dezembertag. Die Heizung verbreitet wohlige Wärme. Miriam hockt auf der Fensterbank, und ich halte Lydia mit dem Gesicht ganz nah an die Scheibe, damit sie besser sehen kann. Wir freuen uns gemeinsam darauf, gleich den Papa zu entdecken und schimpfen anschließend gemeinsam, weil er uns hier in der dritten Etage vom Eingang des Nachbarhauses aus nicht entdeckt. Schließlich nehme ich Lydia vom Fenster zurück, um weiter mit ihr zu turnen. Aber irgend etwas hängt fest! Ich schaue, ziehe – Lydias Füßchen? Lydias Füßchen! Es ist hinter den flachen Heizkörper gerutscht! Und die Heizung läuft im Augenblick auf höchster Stufe!
Nun geht alles sehr schnell: Fuß raus! Es ist *noch* nichts zu sehen. Hinüber ins Bad, den Wasserhahn aufgedreht, das Füßchen darunter.
Wie gut ist es jetzt, daß Lydia am Fuß wenigstens keine Schmerzen spürt! Erstaunlicherweise bin auch ich recht ruhig und gelassen. Na, es gibt ja wirklich Schlimmeres als eine Brandblase. Lydia streckt begeistert ihre Hände dem Wasserstrahl hin. Sie ist kaum festzuhalten. Also richte ich ihr ein Fußbad – eiskalt natürlich – und setze sie auf den Rand des Waschbeckens. Nachdem auch Miriam sich von ihrem ersten Schrecken erholt hat, planschen Lydia und Miriam fröhlich herum.
Nach einigen Minuten begutachte ich erneut das Ergebnis: Trotz der Wasserbehandlung haben sich drei Blasen gebildet. Eine große und eine kleine am Fußballen und eine am kleinen Zeh. Schnell bügle ich eine Windel, um das Füßchen so steril wie möglich abtrocknen zu können. Danach decke ich die Brandblasen mit einem sterilen Tupfer ab. Da Lydia ja sehr schnell kalte Beine hat, muß ich die Wunden leider verpacken.
So, das war die erste Hilfe, morgen früh werde ich die Brandwunde gleich dem Kinderarzt zeigen. Bis zum Schlafengehen haben die drei Blasen einen enormen Füllungszustand erreicht.
Natürlich mache ich mir Vorwürfe. Hätte ich doch besser aufgepaßt! Aber – wir bemühen uns, Lydia so „normal" wie möglich zu

behandeln, ohne übertriebene und einengende Vorsichtsmaßnahmen. Und nun zeigt uns das Geschehene die Grenzen einer normalen Integration: Es gibt Dinge, die *kann* Lydia nicht. Da müssen *wir* für sie denken und handeln, mehr als bei einem gesunden Kind. Doch ist ja alles nochmal glimpflich abgelaufen. Ich habe im Krankenhaus schon Kinder mit großflächigen, lebensbedrohenden Verbrennungen gepflegt. Da sind drei „Bläschen" sicher schnell vergessen, zumal Lydia ja keine Schmerzen leiden muß.
Den ersten Stoß bekommt meine Gelassenheit am folgenden Tag vom Kinderarzt, der nicht versteht, wie so etwas geschehen konnte. Er öffnet die Brandblasen, versorgt die Wunde fachgerecht und bestellt uns für ein paar Tage später wieder zu sich.
Ich ärgere mich etwas über den Vortrag, den er mir hält. Schließlich habe ich es auch nicht absichtlich oder bewußt fahrlässig zu diesem Unfall kommen lassen. Irgendwann fällt das Wort der „trophischen Störungen". Trophik ist die Ernährung der Haut, die unter anderem für den Wiederaufbau der Zellen an verletzten Stellen sorgt.
Am Abend beim Verbandswechsel betrachte ich nachdenklich Lydias Beine und Füße. Sie sind aufgrund der Lähmung nicht optimal durchblutet. Und auch die Versorgung mit funktionsfähigen Nervenbahnen und -zellen entspricht nicht der Norm. Auf der anderen Seite haben sich in den vergangenen Monaten durch die intensive Krankengymnastik gerade hier deutliche Verbesserungen eingestellt: So sind zum Beispiel Lydias Beine und Füße wärmer geworden. Das Blut zirkuliert kräftiger. Außerdem stellt sich bei immer größeren Hautbezirken an Unterleib und Beinen die Fähigkeit, eine Gänsehaut zu bilden, ein – eine Wirkung der angeregten Nervenbahnen.
Wie gravierend sind die trophischen Störungen bei Lydia jetzt? Warum hat sie das Füßchen nicht weggezogen? In den letzten Wochen hatte sie mehrfach ein Füßchen – jedenfalls das linke – auf Berührungsreize, zurückgenommen. Wir hatten große Hoffnungen auf diese Beobachtung gesetzt, aber das rechte Bein war von Anfang an schlechter.
So, wie sich in den vergangenen Wochen viele mutmachenden Ereignisse aneinanderreihten, häufen sich nun die Rückschläge. Miriam und Lydia leiden unter einer heftigen Bronchitis, was vor allem Lydia sehr schwächt. Wegen ihres verbrannten Füßchens darf sie einige Vojta-Übungen zur Zeit nicht durchführen.
Und plötzlich erkenne ich, daß *ich* von Tag zu Tag tiefer in eine

„Krankengymnastik-Krise" hineinrutsche. Diese Quälerei mit den Vojta-Übungen: ein schreiendes, schwitzendes Kind, eine genervte und müde Mutter; ein nicht abzubauender Zeitdruck – neben dreimal anderthalb Stunden Krankengymnastik bleibt einfach kaum Zeit für alle anstehende Hausarbeit. Schon gar nicht für die so wichtige freie Zuwendung zu den Kindern. „Freizeitgestaltung"? Hobbys? Pflege der ehelichen Gemeinschaft? Bedaure.
Warum werde ich bitter? Vor wenigen Wochen war doch alles noch so schön – trotz Krankengymnastik, trotz der vielen Arbeit?
Ich schlampe – und habe tausend Entschuldigungen: Lydias Bronchitis, das verletzte Füßchen, die Vorweihnachtszeit – aber schließlich gebe ich ganz offen zu: Ich habe keine Lust zu turnen. Wozu überhaupt – wenn Lydia laufen lernen würde, ja, dann. Aber so – für ein Leben im Rollstuhl – warum sie dann noch mit Vojta quälen? Wie gering erscheint der Lohn der winzigen Fortschritte im Vergleich zum Aufwand!
Es ist Freitag, unser Tag für den Termin bei der Krankengymnastin. Mit dem Mut der Verzweiflung habe ich mir vorgenommen, sie um Argumente für Krankengymnastik im allgemeinen und Wirkungsweise von Vojta im besonderen zu bitten.
Die Krankengymnastin ist erstaunt, als ich den vorbereiteten Satz herausstoße: „Erzählen Sie mir bitte alle Argumente für Vojta – alles, alles!" Fast ist es eine Erleichterung. Gleich werde ich die Medizin, die ich brauche, verabreicht bekommen. Im Grunde *will* ich ja mit Lydia turnen, nur – irgenwie *kann* ich es zur Zeit nicht!
Während der folgenden dreiviertel Stunde tanke ich alle die Gründe, Regeln und Wirkungen auf, die mir in den Alltagsnöten verlorengegangen sind. Meine Einstellung wird sich wieder ändern – für Vojta und damit für ein besseres Leben für Lydia. Das alles ist nur eine ganz kleine, schwache Ahnung, aber eben ein Licht, das aus der Dunkelheit, die mich in den letzten Tagen immer tiefer herunterzog, herausweist.
Alle paar Tage haben wir wegen Lydias Füßchen ein Stelldichein beim Kinderarzt, und schon bald zeigen blauschwarze Verfärbungen die befürchteten trophischen Störungen an. Nichts heilt. Etwa nach zwei Wochen machen wir uns schweren Herzens auf den Weg nach Köln zur Kinderchirurgie. Die Fachärzte dort sollen entscheiden, ob eine Hauttransplantation nötig ist. – Und in acht Tagen ist Heiligabend!
Doch die bedächtige Art der Ärzte beim Verbandswechsel und ihre

kurzen, entschlossenen Anordnungen wecken unser Vertrauen in ihre Fähigkeit, auch mit dieser Wunde fertigzuwerden.
Die Sicherheit, mit der Lydia hier in ein Fußbad gesetzt und die Entscheidung über eine Transplantation auf „frühestens Anfang Januar" vertagt wird, schenkt uns wieder neue Hoffnung. Zu Hause bereitet es dann einige Schwierigkeiten, das angeordnete spezielle Verbandsmaterial zu bekommen.
Doch alle Mühe wird überreich belohnt. Wieder einmal erfahren wir, welche Kräfte unsere Gebete und die unserer Freunde freisetzen. Um Weihnachten herum sind die ersten Anzeichen einer Heilung zu sehen! Ganz, ganz langsam schließen sich die Wunden. Jeder Verbandswechsel wird zu einem freudigerregten Abenteuer. Dabei ist Miriam eine gewissenhafte Beobachterin für jeden kleinen Fortschritt.

> „Daß du mich einstimmen läßt in deinen Jubel, o Herr,
> deiner Engel und himmlischen Heere,
> das erhebt meine Seele zu dir, o mein Gott,
> großer König, Lob sei dir und Ehre!"
> „Herr, du kennst meinen Weg,
> und du ebnest die Bahn,
> und du führst mich den Weg durch die Wüste!
> Und du reichst mir das Brot
> und du reichst mir den Wein
> und bleibst selbst, Herr, mein Begleiter.
> Und du sendest den Geist
> und du machst mich ganz neu
> und erfüllst mich mit deinem Frieden."
>
> Jesus-Bruderschaft, Gnadenthal

Silvester 1980
Wir verleben den Jahreswechsel mit einer Gruppe von Freunden und Bekannten im Sauerland. Dieser jubelnde Text ist zu unserem Freizeitlied geworden. Und mich treffen diese Aussagen ganz besonders, spiegeln sie doch genau mein Erleben mit Gott im letzten Jahr und auch gerade in den letzten Wochen wieder. Bei jeder Strophe fallen mir viele kleine und größere Begebenheiten ein: Welch ein wunderschönes, harmonisches Weihnachtsfest haben wir erleben dürfen nach der Durststrecke in den Adventswochen. Kurz vor den Feiertagen hatte es noch einige Begegnungen und Ge-

spräche gegeben, die mir neuen Auftrieb schenkten. Die Kinder erholten sich von ihrer Bronchitis, Lydias Füßchen heilte, es gab Fortschritte in Lydias Verhalten, in ihren Reaktionen. –
Ja, ich weiß mich geführt, auf ebener Bahn, auch wenn es durch die Wüste geht.
Ich erfahre täglich neu Vergebung, erlebe Erneuerung, spüre das Wirken des Geistes Gottes und bin geborgen in Hoffnung und Frieden. Ja, ich habe sehr viel Grund, in den Jubel einzustimmen, und ich *bin* voll Jubel und Lob.

> „Und nun zeig mir den Weg
> und nun führ mich die Bahn,
> deine Liebe zu verkünden!
> Gib mir selber das Wort,
> öffne du mir das Herz,
> deine Liebe, Herr, zu schenken.
> Und ich dank dir, mein Gott,
> und ich preise dich, Herr,
> und ich schenke dir mein Leben."

Diese Worte lassen mich erschrecken. Ich will sie singen – und auch meinen. Aber zugleich habe ich Angst vor den Konsequenzen. Ich ahne den Weg, den Gott mir weisen will, aber noch bin ich voller Zögern.
Was ist geschehen? Es begann mit einem Brief, den ich einem lieben Menschen schrieb, weil in einem vorangegangenen Gespräch Dinge, die mir wichtig erschienen, keinen Ausdruck gefunden hatten.
Ein Gespräch hatte Erinnerungen geweckt – Gedanken formten sich und wollten heraus. Da schrieb ich jenen Brief.
Als der Brief fertig ist, fühle ich mich erschöpft und leer. Auf erregende Art erlöst.
Am Abend vor dem Einschlafen denke ich wie so oft an die Geburt von Lydia und die Ereignisse während der folgenden Stunden. Doch es ist nicht nur ein Erinnern, das Wissen will heraus, wie vorher der Brief. Sollte ich – wäre es möglich . . .? Ich rette mich in den Schlaf.
Der Morgen begrüßt mich mit demselben Gedanken: ein Buch über Lydia? Nein, so ein Hirngespinst – ich mache erst mal meine Stille Zeit!

Ich bete: „Gott, wenn diese Idee ein Auswuchs meiner Einbildung ist, dann nimm sie mir weg, damit ich mich auf Wesentliches konzentrieren kann. Aber wenn sie ein Auftrag von Dir ist, dann zeige es mir – heute!"
So, nun aber zur Stillen Zeit! . . . Was ich lese, trifft mich wie ein Schlag: „Da sie es aber gesehen hatten, breiteten sie das Wort aus . . ." Nein! – Wie geht es denn weiter? . . . „welches zu ihnen von diesem Kinde gesagt war!" (Lukas 2,17) Ich hatte doch extra außerhalb meines Bibelleseplans eine unverfängliche Stelle aufschlagen wollen – und nun dies!
„Oh Gott, so plump nicht" (wagte ich zu erwidern), „wenn das Deine Antwort ist, dann bitte noch einmal deutlicher – aber heute!"
Nun aber schnell die Bibel zuklappen. Ich und ein Buch schreiben? Nee – was sollen denn die anderen von mir denken! Die erklären mich ja für verrückt. Wie kann ich mir nur einbilden, so etwas zu können. Ich bin ja wohl alles andere als eine Schriftstellerin. Und überhaupt – so etwas braucht ja massig Zeit. Und die habe ich schon für die notwendigsten Dinge nicht zur Verfügung. Wie sollte ich mir da Zeit für solch einen intellektuellen Firlefanz nehmen!
Irgendwie hatte ich die Vorstellung, daß nun jemand anrufen würde und mir einen ‚Wink' gäbe. Als das Telefon jedoch bis zum Abend schwieg, war ich etwas enttäuscht, vor allem aber sehr erleichtert. Da war ich ja noch einmal um einen heiklen Auftrag herumgekommen!
Vor dem Schlafengehen wollten noch zwei Geburtstagsgrüße geschrieben werden. Immer noch bedacht, nicht leichtfertig ein Zeichen herauszufordern, suchte ich einen passenden Spruch nicht in meiner Bibel, sondern in einem Kästchen, in dem ich Aussagen, die mir einmal gefielen, aufbewahre. Beim Überfliegen der Kärtchen fällt mir eines auf, ich nehme es heraus, um es abzuschreiben. Erst beim zweiten Durchlesen geht mir auf, was ich gewählt habe: „Herr, mein Gott, groß sind deine Wunder und deine Gedanken, die du an uns beweist. Dir ist nichts gleich. Ich will sie verkündigen und davon sagen, aber sie sind nicht zu zählen." (Psalm 40,6).
Das war vorgestern, und nun bin ich hier auf der Freizeit und singe: „Nun führ mich die Bahn, deine Liebe zu verkünden!"
Ich betrachte die anderen, die im Kreis sitzen und dieselben Worte singen. Was mögen *sie* denken? Keiner ahnt auch nur, was *mich* beschäftigt. Ich hatte bisher nicht mal den Mut, mit Herbert darüber zu sprechen. Vielleicht ergibt sich hier eine Gelegenheit, mal

vorzutasten, wie andere darauf reagieren, wenn ein ganz gewöhnlicher Mensch plötzlich auf die Idee kommt, ein Buch zu schreiben. Das heißt – eigentlich bin ja gar nicht *ich* auf diese Idee gekommen...
Und dann ist die Situation plötzlich da. Wir liegen zu drei oder vier Frauen auf dem Teppich und unterhalten uns über Führung – speziell über unsere Reaktionen darauf. Ganz ‚ungeplant' hatte sich dieses Gespräch ergeben. Und dann höre ich mich reden: „Ich habe da gerade in den letzten Tagen etwas erlebt – es ist so phantastisch, daß ich kaum wage, es auszusprechen, aber..., ich habe es noch nicht einmal Herbert erzählt..., also, ... es fing mit einem Brief an, oder besser gesagt, mit dem Gespräch vor dem Brief..."
Zwei Tage später stehe ich an der Kasse eines Supermarktes, in der Hand ein 80 Seiten starkes Ringbuch. Es soll das Manuskript von Lydias Buch aufnehmen. Ich werde heute noch anfangen zu schreiben.
Immer noch erstaunt und etwas verwirrt denke ich an die Reaktion der anderen Freizeitteilnehmer. Während ich von der Idee und den Bibelstellen berichtete, warf ich ab und zu einen kurzen Blick auf dies oder jenes Gesicht im Kreis der Zuhörer. Auch einige andere waren aufmerksam geworden, und hatten ihre Gespräche unterbrochen. Was ich fand, war ernsthaftes Interesse, ja sogar zustimmendes Nicken. Kein spöttisches Lächeln, wie ich es erwartet hatte! Zum Schluß sagte ich: „Ja, und nun habe ich Angst, daß mich jemand für eingebildet oder größenwahnsinnig hält..." Keiner ging darauf ein. Aber es kamen konkrete Fragen zu dem „Projekt Lydias Buch". Während der Freizeit kam es zu weiteren Gesprächen, die mir alles wirklicher werden ließen.
Ein klares Zeichen kam am Neujahrsmorgen im Rahmen einer Agape-Feier. Bei diesem gemeinsamen Liebesmahl tritt, während die anderen singen, jeweils einer in den Kreis, nimmt den bereitstehenden Kelch und reicht ihn einem anderen, dem er einen persönlichen Wunsch oder ein Bibelwort mit auf den Weg gibt. Als ich mich schon vergessen wähnte, trat eine junge Frau auf mich zu und wünschte mir viel Kraft für mein Vorhaben über Lydia! Während ich mich bemühte, über diesem Wunsch ruhig zu werden, wurden Bibelverse verteilt, die eine Teilnehmerin vor der Freizeit vorbereitet hatte, und die uns, einer liebgewordenen Tradition zufolge, durch das neue Jahr begleiten sollten. Niemand wußte, wer welchen Vers ziehen würde. Meiner lautete so:

> Jesaja 41,10:
> Fürchte dich nicht, ich bin mit dir.
> Weiche nicht, denn ich bin dein Gott.
> Ich stärke dich,
> ich helfe dir auch,
> ich halte dich durch die rechte Hand
> meiner Gerechtigkeit!

Und nun stehe ich also hier an der Kasse, um das notwendige Schreibmaterial für Lydias Buch zu kaufen.
Ich habe schon viele kleine und große Dinge mit Gott erlebt, aber selten hat er meinen Widerstand mit drei solch gewaltigen „Geschossen" überwunden! Heute weiß ich noch nicht, wie die Sache mit dem Buch ausgehen wird. Aber ich weiß, daß ich anfangen soll zu schreiben. Und das werde ich nun tun. Das weitere wird Gott mir zur gegebenen Zeit zeigen.
Die Ereignisse der vergangenen dreizehneinhalb Monate sind mir noch in guter Erinnerung. Ich glaube auch, daß sich Tatsachen und Gefühle unverfälscht über die Zeit erhalten haben. Ich denke an die Ereignisse des letzten Monats. Im Vordergrund standen zwar die Sorgen um die Verbrennung und die schwere Bronchitis, aber es geschah auch viel Positves. So sind zum Beispiel Lydias Hände, die sie bisher noch häufig zu Fäusten geballt hatte, wesentlich lockerer und offener geworden. Auch ihr Spielverhalten wird immer natürlicher. Ihr Lieblingswort ist seit Wochen „Pa-pa!" Es ist der gesäuselte Ausdruck des Wohlbefindens. „Mamma" dagegen wird nur ganz selten geäußert, und dann auch nur als Ventil ihrer übermächtigen Wut – etwa beim Vojta-Turnen. Ich finde es trotzdem lustig.
Mit fester Nahrung kann Lydia sich allerdings noch immer nicht anfreunden. Während der Bronchitis war sie ganz auf Muttermilch zurückgekommen, und nun ist es gar nicht in ihrem Sinn, wieder Breie und Gemüse in den Speiseplan aufzunehmen.

> *Ich will reden von deiner herrlichen Pracht und von deinen Wundern.*   *Psalm 145,5*

Inzwischen ist es Sommer geworden. August 1981. Wie schön waren die vergangenen Monate! Zum ersten Mal seit Lydias Geburt vor mehr als anderthalb Jahren gab es über Monate hinweg keine

größeren Probleme oder dramatischen Zwischenfälle, sondern viele kleine Fortschritte, die sich manchmal fast unbemerkt einschlichen. Plötzlich war wieder eine Hürde geschafft, eine Fertigkeit erreicht.
Da ist zum Beispiel die wachsende Geschicklichkeit ihrer Hände. Anfang des Jahres konnte sie gerade mit hoher Konzentration das „Fähnchen" nachmachen und winken. So winkte sie mir vergnügt zu, wenn der Papa sie nach dem nächtlichen Stillen wieder in ihr Zimmer brachte. Für andere Bewegungen behalf sie sich, indem sie meine Hand nahm und dorthin führte, wo sie etwas ausgerichtet haben wollte; etwa ein Spielteil hochheben oder einfach gestreichelt werden, was sie minutenlang verzückt genießen konnte. Als sie ganz gezielt selber die letzten Blasenreste von der Brandwunde abpingelte, freuten wir uns alle sehr über ihre Initiative.
Monatelang hatten wir, um die Funktion der Nerven in den Handflächen zu fördern, die Hände über ganz unterschiedliche Materialien ‚ausgestrichen'. Inzwischen hat Lydia einen großen „Krabbelsack", der in Form von Schmirgelpapier diverser Stärken, über unterschiedliches Plastikmaterial, Holz- und Metallgegenständen bis zu Wolle-, Cord-, Samt-, Leinen- und Frotteestoffen viele Tasterfahrungen bereit hält.
Lydia bewegte jetzt ihre Hände freier und konnte auch einige Minuten alleine sitzen. Damit hatte sie endlich zwei Voraussetzungen für eine ganz wichtige Erfahrung: das Planschen in der Badewanne! Jeder Spritzer, der über den Wannenrand ging, wurde zu einem bejubelten Ereignis. Miriam steht bei jedem Badefest daneben und feuert ihre kleine Schwester an. Und mit wachsender Sitzsicherheit bringt diese es zu immer größeren Schaumbergen in und neben der Wanne.
In vielen Entwicklungstabellen werden das In-die-Hände-klatschen und das Aufeinanderstapeln von Würfeln als wichtige Fixpunkte aufgeführt. Beim Klatschen lag Lydia über 4 Monate zurück, aber beim Türmchen blieb sie in der Norm.
Diese Tabellen! So ganz frei bin ich noch nicht von dem Leistungszwang, den sie vermitteln; aber ich glaube, daß *ich* diejenige bin, die hier zu lernen hat. Da ist das Gefühl des eigenen Versagens, wenn unser Kind dieses oder jenes nicht zeitgemäß beherrscht.
Im April, mit fast 11/2 Jahren, waren die Bewegungsstörungen soweit behoben, daß sie zum Spielen beide Hände gleichberechtigt benutzen konnte.

Monatelang hatten wir das in der Beschäftigungstherapie geübt: den ersten der großen Baubecher mit beiden Händen fassen – anheben – 'rüberführen – ablegen, den zweiten, den dritten, usw. – und dann alles rückwärts. Lange Zeit hielten wir dabei ihre Arme fest zum Verstärken des Druckes und zum Führen.

Ein Beispiel für viele Fertigkeiten: Zuerst scheint es fast aussichtslos, dieses ständige Wiederholen einfachster Übungen. Dann plötzlich ist der Durchbruch da, und Wochen später ist es, als habe sie dies schon immer gekonnt.

Seit dem Frühjahr hat Lydia ein erklärtes Lieblingsspielzeug: ein längliches Holzbrett mit 4 farbigen Stäben, auf die viele kleine Holzringe gesteckt werden. Da unser Töchterchen schon immer für Arbeitserleichterung war, nimmt sie stets 2 Ringe auf einmal in die Hand, um sie aufzustecken. Wie überrascht war ich zuerst von diesem Können, eines der ersten Spiele, die sie ohne Anleitung gefunden hat!

Wenn sie heute inmitten ihres Spielzeugs sitzt oder liegt, mit sicheren Bewegungen hinter sich greift, Spielteile benutzt und auswechselt, deren verschiedenen Funktionen erprobt, dabei zufrieden plappert und interessiert schaut, so erinnert gar nichts mehr an das apathische Kind aus dem vergangenen Jahr, dem jede Handbewegung abgerungen werden mußte.

Mit dem wachsenden Interesse an ihrer Umwelt brauchte sie weitere Verständigungsmöglichkeiten – ihr Sprachschatz vergrößerte sich. Aus vielen Lautvariationen ergaben sich zwei erfolgreiche Wörter: „aaam" (ich will auf den Arm) und „aia" (ich will ein Ei essen). Und ganz wichtig: das Nein! Im Februar war es ein grinsendes „Nenn"; im März das „öh-öh", beides durch Kopfschütteln unterstrichen. Und schließlich ein deutliches: „Nein, nein, nein, nein!" Mit dem entsprechenden Willen dahinter. Ihre Begeisterung für alles, was Miriam tat, führte im April schließlich zu einem „Me-me", dem schon bald ein verliebtes „Mimi" (unser Kosewort für Miriam) folgte.

Natürlich gehört die Krankengymnastik nach wie vor zu unserem Tagesablauf. Aber es hat sich doch viel dabei geändert. Monatelang umfaßte unser Programm 3 x täglich 1 1/2 Stunden, bis dann im Februar etwa 10 Übungen wegfallen konnten. Und langsam, aber stetig arbeitete Lydia sich an einen ganz wichtigen Meilenstein heran: das Umdrehen vom Rücken auf den Bauch! In fünfzehn Monaten haben wir dafür je eine Bobath- und Vojta-Übung pro Körperseite, rund 6.300mal durchgeführt! Mitte Januar schaffte Lydia es über die rechte Seite. Aber die linke Seite blieb problematisch, denn mit dem linken Bein kann sie etwas Schwung holen, mit dem rechten dagegen nicht. Auch ist die rechte Brust- und Rückenmuskulatur wesentlich schwächer ausgebildet als die auf der linken Seite, wodurch sich rechts ein kleiner Buckel gebildet hat. Ende Januar schaffte Lydia es dann zum ersten Mal alleine, sich auch über links zu drehen. Einmal! Doch dann brauchte sie weiterhin dazu unsere Unterstützung an der Hand oder durch Führung der Beine. – Am 31. März endlich war das Etappenziel erreicht: Lydia drehte sich mehrfach alleine über die linke Seite. Einen Tag später schaffte sie es dann schon mit Kleidung.

Ich glaube, daß dies für Lydia ein sehr wichtiges Erlebnis war: eine bestimmte Bewegung zu *wollen,* sie zu trainieren, sie schließlich zu beherrschen. Sie drehte sich nun bei jeder Gelegenheit; oft 2–3x hin und zurück, zuerst verbissen, dann triumphierend. Ihre Freude an körperlicher Bewegung wuchs – und wächst noch heute. So hat sie es gerade vor wenigen Tagen geschafft, sich alleine aufzusetzen! Ein gesunder Mensch kann wohl kaum ermessen, was das für einen Querschnittgelähmten, dessen Lähmung an den unteren Brustwirbeln beginnt, bedeutet. Mit 14 Monaten war ihre Rumpfmuskulatur noch so schwach, daß sie nur wenige Minuten alleine sitzen konnte, immer wieder klappte ihr Oberkörper zusammen, so daß ihr Kopf zwischen die Beine fiel.

Seit jener Zeit prägt ein ganz besonderer Gegenstand das Bild von Lydias Zimmer: ein dicker orange-roter Gymnastikball mit einem Durchmesser von 95 cm (das bedeutet, daß er aufgeblasen nicht durch die Tür paßt). Auf diesem Ball erlernte Lydia nun viele Übungen, die ganz speziell auf die Stärkung der Brust- und Rumpfmuskulatur abgestimmt waren, sowie den Bewegungsablauf des Aufsetzens. Dieser Ball war von Anfang an Lydias auserkorener Freund. Das leichte Wippen, die Nachgiebigkeit des Materials und die rollenden Bewegungen machten ihr viel Freude. So korrigierte sie oft ganz von selbst ihren Rücken. Im Februar saß sie bereits alleine auf einem Schaukelpferd, das nur eine kurze Rückenlehne und keine seilichen Stützen hatte. Einen Monat später hatte sie eine pfiffige Technik entwickelt: Wenn ich sie aufforderte, sich *gerade* hinzusetzen, so stützte sie ihre Hände auf ihr Knie und wanderte dort langsam bis zu den Oberschenkeln hoch, wobei sie den Rücken

aufrichtete und den stolz erhobenen Kopf straffte. Dieser Erfolg wiederum war ihr ein Ansporn, sich selber in den Sitz zu bringen. Bisher mußten wir sie ja hinsetzen, wenn sie der Bauchlage überdrüssig war. Der Wille war nun da, aber die Rumpfmuskeln hatten erst 5 Monate später die Kraft, ihm zu gehorchen. In den letzten Wochen hat Lydia sich mit einer weiteren Voraussetzung für das Aufsetzen befaßt: dem ‚Sortieren' der Beine. Da sie diese ja nicht spontan bewegen kann, liegen sie oft im Weg. Also hat sie lernen müssen, das Knie anzuwinkeln und mit einer Hand nach außen zu drücken, während die andere Hand den Körper seitlich abstützt. Wenn es einmal gar nicht klappen will, sie es z.B. zu nahe am Schrank versucht, weiß sie sich trotzdem zu helfen: „Mama aam!" Das heißt: Reich mir deine Hand!
Unser Krankengymnastikball hat inzwischen Unterstützung von einer dicken Rolle (100 cm x 30 cm) erhalten, die allerdings von Lydia nicht mit Sympathie bedacht wird.
Immer wenn es um die Anschaffung einer weiteren Therapiehilfe, wie den Ball oder die Rolle geht, fällt mir wieder einmal auf, wie froh und dankbar wir sein dürfen, daß wir uns keine Sorgen um unsere finanzielle Situation zu machen brauchen. Schon seit Jahren erleben wir, wie sich immer dann eine ‚Geldquelle' auftut, wenn es nötig ist. Und so auch in Bezug auf Lydia. Unsere Krankenkasse hat bisher alle notwendigen Anschaffungen getragen. Darüber hinaus erhält Lydia, seit sie 1 Jahr alt ist, vom Sozialamt Pflegegeld, als Hilfe in besonderen Lebenslagen.
Weitere Vergünstigungen erhalten wir aufgrund des Schwerbehindertenausweises, den wir direkt nach Lydias Geburt beantragt hatten, und der 9 Monate später auch ausgestellt wurde.
Und seit kurzem ist Lydia stolze Besitzerin einer Park-Sondergenehmigung. Für die häufigen Arztbesuche ist dies eine wirkliche Erleichterung.

Im Mai gab es einen Tag, der für mich ganz persönlich einer der schönsten im Laufe unserer bisherigen Krankengymnastikzeit war. Es fing damit an, daß ich, wie ich es in größeren Abständen schon öfters getan hatte, unser Vojta-Programm mit der Stoppuhr kontrollierte. Bei jeder der 7 Übungen sollten wir pro Körperseite 4–6 x je 1 Minute fixieren. Macht insgesamt etwa 70 Minuten. Seltsamerweise hatten wir unser Pensum bereits nach 50 Minuten absolviert. Wir waren also ganz schön ins Schlampen gekommen. Beim näch-

sten Treffen schüttete ich unserer Krankengymnastin mein Herz aus. Sie meinte: „Lydia macht sich zur Zeit so prima, daß wir versuchen könnten, den Vojta zu kürzen. Sagen wir auf 2x je 1 Minute pro Seite. Wir versuchen es 2 Wochen lang, und wenn sich Lydia weiterhin gut entwickelt, bleiben wir dabei!"
Na, das war ein Erfolg! Damit hatte ich im Traum nicht gerechnet! Vojta gekürzt! Und so drastisch! Wieviel Zeit und Kraft das einsparte! Mein Herz schlägt heute noch schneller, wenn ich an diesen Tag denke. Nur noch 3x 45 Minuten Krankengymnastik (28 Minuten Vojta und dazu das Bobath-Programm)!
Nun, inzwischen haben neue Entwicklungsschritte neue Übungen erfordert, und wir sind jetzt bei einem 1stündigen Programm angekommen. Aber die Erfahrung, daß intensive Krankengymnastik Erfolge verspricht, hat mir ein stärkeres Fundament unter die Füße gegeben. Ich weiß, daß Lydia ihr ganzes Leben über schwer für ihren Körper wird arbeiten müssen, und daß diese Arbeit für viele, viele Jahre auch meine Arbeit sein wird – ohne Sonntage oder Ferien. Aber ich weiß ebenso, daß wir Erfolge haben werden. Ich weiß es, weil wir es in diesem Sommer erlebt haben.

In diesem Jahr waren wir bisher 2x mit Lydia in Köln zur Spinabifida-Ambulanz.
Bei dem ersten Termin im Februar hatten wir ein richtiges Schwerpunktthema: die Leistungsfähigkeit der Nervenbahnen in Lydias unterer Körperregion. Uns war nämlich aufgefallen, daß Lydias Haut in diesem Bereich immer häufiger auf Kälte- und Berührungsreize mit größeren Flächen von Gänsehaut reagierte.
Lydias After, der ja ursprünglich stark klaffte und ständig Darmschleimhaut freigab, hatte sich nun fast geschlossen, und einige Male hatte ich beobachten können, wie der Muskel sich dehnte und wieder zusammenzog.
Und wenige Tage vor dem Termin in Köln hatte sich etwas sehr Bemerkenswertes ereignet: Lydia sollte einen Schutzstoff gegen Keuchhusten gespritzt bekommen, da sie Kontakt mit einem an Keuchhusten erkrankten Kind gehabt hatte. Als der Kinderarzt die Spritze ansetzte, sprachen wir noch darüber, daß wir das Beinchen ja gar nicht so stark festhalten müßten, weil Lydia ja weder etwas spüren, noch das Bein wegziehen könnte. Im Augenblick des Einstiches aber verzog Lydia das Gesichtchen, gab einen Unmutslaut von sich – und zog ihr Bein an! Zwar nur ganz leicht, aber es war

eine deutliche Abwehrbewegung! Wir waren alle völlig überrascht und freuten uns riesig!

Etwas später wiederholte sich dies mehrfach, als ich ihren linken großen Zeh, dessen Nagelbett sich etwas entzündet hatte, verband! Die Ärzte in Köln waren sehr erfreut über diese Mitteilungen, sie stellten fest, daß der After nun wirklich Verbindung mit funktionsfähigen Nerven hat. Ob Lydia diese allerdings *bewußt* zur Verfügung haben wird, ist heute noch nicht abzusehen. Doch was wohl viel entscheidender ist: die Bewegungen der Beine, die Lydia spontan ausführt, sind zweifellos *willkürliche* Bewegungen, von ihr gewollt ausgeführt. *Einige* Nerven und Muskeln haben also wohl durch die Vojta-Therapie ihre Funktionsfähigkeit wiedererlangt!

Allerdings hielt dieser Arztbesuch auch einen kleinen Schock für uns bereit. Bisher waren wir davon ausgegangen, daß die Lähmungshöhe im Bereich der Lendenwirbelsäule liegt. Hier in Köln stand es nun schwarz auf weiß in der Krankenakte: Lähmungshöhe Th 8–12. Das bedeutet, daß schon die Nerven im unteren Bereich der Brustwirbelsäule weitgehend funktionsunfähig sind. Natürlich, die Auswirkungen hatten wir schon lange gesehen: die schlaffe Bauchmuskulatur, die fehlende Kraft der Rumpfmuskulatur, die Verbiegung von Brustkorb und Wirbelsäule. Aber seltsamerweise ist es nun doch noch bedrückender, die Diagnose ‚Lumbale (= Lenden-) Lähmung' gegen ‚Thoracale (= Brust-) Lähmung' ersetzen zu müssen. Die Erfolgsaussichten sind gesunken, wir sind der realistischen Einschätzung unserer Zukunft wieder ein wenig näher gekommen.

Bis zur nächsten Sprechstunde im Mai hatte sich dann aber doch einiges getan. Lydia hatte inzwischen so viel körperliche Kräfte zur Verfügung, daß sie sich auch unter der Bettdecke vom Bauch auf den Rücken drehen konnte.

Ihre Beine machten nun manche Bewegung des Oberkörpers mit, zumindest war ein Anspannen der Muskeln zu spüren.

Jetzt im Sommer hat sie beide Beine so weit unter ihrer Kontrolle, daß sie sie, wenn ich Lydia unter den Achseln hoch halte, etwa auf halbe Unterschenkelhöhe anziehen kann.

Unser neuer krankengymnastischer Schwerpunkt trägt dem nun natürlich Rechnung: Wir üben den 4-Füßler-Stand. Das ‚Robb-Alter' ist vorbei, sagt die Krankengymnastin.

Für Lydia, der diese neue Höhe fremd ist, und die durch die ja noch

immer weitgehende Unkontrollierbarkeit von Rumpf und Beinen in ihrer Standfestigkeit sehr verunsichert ist, bedeutete dies wochenlang panische Angst. Aber unterstützt durch ihre wachsende Freude an Bewegung ist sie heute so weit, daß sie sich aus dem 4-Füßler-Stand alleine hinsetzen kann, darin selbständig vor und zurück schaukelt und sogar eigene Versuche anstellt, in den 4-Füßler-Stand zu kommen!
Sie muß sich all die Bewegungsabläufe, die ein Kleinkind spielend entdeckt, mühsam erarbeiten.
Trotz all der Erfolge ist zu erkennen, daß Lydia auf den Rollstuhl angewiesen sein wird. Das höchste, was wir – vielleicht – erreichen werden, ist, daß sie in einer Stehapparatur ein, zwei Schritte wird gehen können. So sinnlos sich das auch anhören mag, für Lydias Entwicklung wäre dies ein großes Plus. Kreislauf, Knochenfestigkeit und vor allem auch die Psyche würden *sehr* von dieser ‚Aufrichtung' profitieren.
Auf eine besondere Art kann auch Lydia ‚laufen' – nämlich auf den Händen. Sie hatte im Januar innerhalb einer Woche gelernt, die Hände dabei voreinander zu setzen, und jetzt geht es sehr gut – allerdings ist sie noch häufig in den Ellenbogen zu weich, und der linke Daumen fühlt sich nahe an den anderen Fingern wohler als in der Abspreizung – und das sind neurologisch nicht befriedigende Zeichen.
Unsere Krankengymnastin hat zu Anfang einmal gesagt: „Sie dürfen Lydia niemals mit einem gesunden Kind vergleichen. Freuen Sie sich aber über jede Kleinigkeit, die sie dazulernt! Sehen Sie auf Lydias Fortschritte – und sie macht gute Fortschritte!"
Natürlich ertappe ich mich immer wieder dabei, daß ich doch Vergleiche ziehe. In unserem Haus sind ein paar Kinder, die etwas jünger als Lydia sind, die nun schon alleine um den Sandkasten laufen, infolge ihrer ‚aufrechten Erfahrungen' sich für Dinge interessieren oder Fähigkeiten entwickelt haben, die noch außerhalb von Lydias Horizont liegen.
Einmal hatten wir Besuch von meiner Schwägerin und ihrem Mann, die einen zweijährigen Sohn haben. Ihnen fiel auf, daß Lydia oft für den fremden Beobachter völlig unerwartete Reaktionen zeigt. Da sie nur sitzt oder liegt, wird sie rein gefühlsmäßig noch immer als Baby eingestuft und oft auch so behandelt. Ich bin erstaunt, daß mich das verletzt. Langsam wird der Unterschied in der Motorik zu den Gleichaltrigen deutlicher. Werden wir es jemals

lernen, sie nicht mehr mit anderen Kindern zu vergleichen? In allen anderen Bereichen ist sie ja eine ganz ‚normale' 1 1/2 jährige.

Lydia ist mitten im ersten Trotzalter, wirft Löffel durch die Gegend (mit Speisen natürlich), schreit, kreischt, schlägt um sich und auf alles, was ihr in die Quere kommt, und bohrt das Gesicht in die Unterlage, falls sie gerade auf dem Bauch liegt.
Nun, wenn ein Kind im vernünftigen Rahmen trotzt, kann man davon ausgehen, daß seine emotionale Entwicklung in Ordnung ist. Und daß sie ein Schelm ist, zeigt sie uns täglich – genauso unwiderstehlich wie jedes andere Kind in ihrer Altersstufe. Sie schneidet mit Miriam um die Wette Grimassen, ist sehr zärtlich oder auch arg butt, verteilt sogar Ohrfeigen. Und sie ist ein richtiges kleines Äffchen geworden: Nachdem sie ja lange Zeit fast nur durch ‚einpauken' lernte, ahmt sie nun alles aus eigenem Antrieb und sehr ausführlich nach: Naseputzen (mit Vorliebe benutzt sie dazu meine Brusttüchlein), Geräusche jeder Art – am liebsten ‚grunzen', kämmen (= strubbelig machen), ‚als-ob-essen und -füttern', außerdem alles, was Miriam ihr vormacht; oft gluckst sie dabei vor Vergnügen. Auch flüstern, pusten und das Nachsprechen einfacher Wörter gehören zu ihrem Repertoire.
Es ist für uns alle eine große Beruhigung zu sehen, wie sie sich Schritt für Schritt ihre Umwelt erobert. Zwar geht alles langsam, weil sie sich ja einige Voraussetzungen mühsam erarbeiten muß.
Etwas beeindruckt mich ganz besonders: wie sie ihren Körper entdeckt. Zuerst waren es Mamas Augen, die sie interessierten, und mit einem Spiegel kam das ‚Aha-Erlebnis': Ich habe so was ja auch! Bald war sie ganz vernarrt in ihr Gesichtchen und seit ein paar Wochen kennt sie auch die Begriffe von Augen, Nase, Ohren, Haaren und Mund. Verständlicherweise waren wir gespannt, wann und wie sich dieses Entdecken auf die untere Körperhälfte erstrecken würde – wo ihr ja jedes Gefühl ihrer Körperlichkeit fehlt. Schon mit 1 1/4 Jahren hatte sie die Hände auf ihr kleines, dickes Bäuchlein gelegt und staunend darauf niedergeschaut. Bald darauf hatte sie gelernt, mit einer besonderen Art der Bauchpresse (mehr aus dem Brustraum heraus) gegen den Darm zu drücken – so kann sie bei gefülltem Enddarm ein wenig Stuhl selbst entleeren, und seit kurzem hat sie auch regelmäßig ein ‚Kügelchen' in der Windel – die Hauptmenge entferne ich durch manuelle Bauchpresse und Ausstreichen des Darmes.

Später wird es darauf ankommen, die Windel stundenweise frei von Stuhlgang zu halten. Dann wird sie lernen, dieses ‚Geschäft' bewußt zu leiten.
Beim Beklopfen der Blase hilft sie heute schon fleißig mit, obwohl wir hier noch immer keinen Erfolg verbuchen können.
Am Anfang des Sommers hat Lydia ihre Zehen entdeckt! Nach den ersten brutalen ‚Abreiß-Versuchen' geht sie nun sehr zärtlich und liebevoll mit ihnen um und kontrolliert sehr genau, was ich mit ihren Füßen tue – waschen, eincremen, bekleiden oder bepinseln. Das Pinseln von Händen und Füßen ist übrigens zu einer wahren Leidenschaft unserer Tochter geworden. Sie kann es schon fast meisterhaft, und es dauert immer eine Weile, bis wir uns geeinigt haben, wer von uns beiden zuerst, wo, wie, mit welchem Pinsel und wie lange hantieren darf. – Wobei Lydia eindeutig im Vorteil ist. Schließlich sind es *ihre* Hände, die ich bepinseln will, und die sie wegziehen oder schließen kann!
Irgendwann hat Lydia entdeckt, daß ihre Beinchen manchmal Nachhilfe brauchen, um ihr eine bequeme Sitz- oder Liegeposition zu erlauben. Und es verwundert mich, mit welcher Selbstverständlichkeit sie diese Aufgabe in Angriff nimmt. Energisch, aber doch zugleich rücksichtsvoll faßt sie zu, hebt, schiebt oder ruckt. Da sie inzwischen beide Beine ein wenig anziehen kann, taucht immer häufiger die Situation auf, daß sie ihre Beine durch Streckung bewegen will. Aber ich glaube, sie spürt allmählich, daß sie es ‚richtig' nicht schafft.
Ja, Lydia hat in den letzten Monaten sehr viel gelernt – und ist dabei schon ein paar Male an ihre Grenzen gestoßen. Grenzen, die sie z.B. bei Miriam nicht sieht. Als sie anfing zu robben, war sie oft sehr knatschig, wenn sie nicht vorwärtskam, warf die Arme hoch und wütete vor sich hin. Heute robbt sie durch die ganze Wohnung und erfreut sich an ihrer Bewegung. Wird sie ihre Grenzen weiterhin so akzeptieren?
Wenn ich Lydia beobachte, glaube ich, daß sie es schaffen wird. Wenn ich andere Kinder anschaue, mag ich mir kaum vorstellen, wie groß der Unterschied in den Bewegungsmöglichkeiten ist.
Vor einiger Zeit haben Herbert und ich einen Film gesehen über einen jungen Mann (verheiratet, ein Kind), der durch einen Unfall von einem Tag zum anderen querschnittgelähmt wurde. Es war ein sehr feinfühliger, offener Film. Seither nehme ich es nicht nur an, sondern ich *weiß*, daß Lydia es in dieser Beziehung leichter hat –

und wir es mit ihr. Lydia lebt sich langsam in ihre Behinderung hinein. Sie wird nicht davon überrascht, und auch wir erleben Schritt für Schritt und nicht auf einmal die Auswirkungen. Ich könnte mir vorstellen, daß ihr manche Entbehrungen nicht so schwer fallen werden wie jenem jungen Mann, weil sie einfach nie erfahren hat, *wie* schön manches ist, was sie nicht kann.
Und schon heute erlebe ich, wie sie als Ausgleich so manche Fähigkeit entwickelt, die sonst vielleicht untergehen würde, etwa ihre übergroße Zärtlichkeit.
Bei der Spina-bifida-Ambulanz in Köln hatten wir im Juni einen Termin mit einer Heilpädagogin des sozial-pädiatrischen Zentrums, in welchem die in der Klinik medizinisch versorgten Kinder im Sinne der Frühförderung betreut werden. Wir hatten um ein Gespräch dort gebeten, weil ich gerne eine umfassende Anleitung für Spiel und Training mit Lydia erhalten wollte. Die Therapeutin in Köln beobachtete die friedlich spielende Lydia, während sie sich mit uns unterhielt. Plötzlich sagte sie: „Wissen Sie, unter den Spina-bifida-Kindern, die ich hier betreue, habe ich noch keines gesehen, das so fröhlich und aufgeschlossen ist, wie Ihre Tochter!"
Obwohl es uns schon bewußt war, daß Lydia außergewöhnlich fröhlich ist, waren wir sehr überrascht. Erst später ist mir klar geworden, weshalb ich so erstaunt war: Dies war ja ein Vergleich, bei dem Lydia *positiv* abschnitt! Das waren wir einfach nicht gewohnt! Doch das Ausschlaggebende ist, daß Lydia ein spürbar glückliches Kind ist.
Aufgrund dieser Besprechung in Köln lernte ich anhand der von dort empfohlenen Literatur Lydias Frühförderung selbständig durchzuführen und zu überwachen.
Einige Wochen vorher hatten wir, ebenfalls an dieser Klinik in Köln, an einer Fortbildungstagung teilgenommen.
Einer der Referenten beschäftigte sich unter anderem mit der Problematik in der Frühförderung: „Eine gezielte Anleitung gerade in den ersten Jahren ist bei unseren Kindern sehr wichtig; neben den mehr oder weniger großen Ausfällen auf Grund des Hydrozephalus verhindert ihre meist liegende Position wichtige Erfahrungen, die eigentlich zu diesem Entwicklungszeitraum gehören. Aber" (und das war ein Punkt, an dem ich vorher sehr unsicher war), „die Eigeninitiative des Kindes *muß* im Vordergrund bleiben!" — Im Klartext bedeutet das für unsere häusliche Situation: Wichtiger als die zu erlernende Fertigkeit ist die Selbständigkeit.

Nachdem uns auch noch versichert wurde, daß das Vorweisen neuer Lernerfolge beim nächsten Termin in 2–3 Monaten nicht so wichtig sei wie die Entwicklung der eigenen Antriebskräfte, hatten wir Mut, diesen neuen Weg zu gehen.

Jetzt, etwa 2 Monate später, ist es schon deutlich zu sehen: Lydia hat den Willen, sich selbst zu entfalten. Für uns Eltern und für die in ihre kleine Schwester verliebte Miriam ist dies eine wichtige Erkenntnis: Was Lydia alleine *kann,* soll sie auch alleine tun, auch oder gerade dann, wenn sie meint, es nicht zu können. So kann sie zum Beispiel gut aus dem Kinderzimmer zu mir in die Küche robben, wenn sie bei mir sein möchte. Sie muß nicht von mir geholt oder von Miriam halb getragen und halb gezogen werden. Wenn ich das Geknatsche nicht mehr hören kann, stelle ich das Radio an. Nach 10 Minuten ist Ruhe, nach weiteren 5 Minuten ist Lydia zu mir in die Küche gerobbt.

Sie kann inzwischen recht manierlich alleine essen und aus einem Glas trinken. Ja, sie ißt jetzt alles am Tisch mit, am liebsten Nutella-Brot, Saft oder Pfannkuchen. Ende April, also mit fast 1 1/2 Jahren, hatte sie von einer Mahlzeit zur anderen damit angefangen, ganz von selbst. Das Stillen genießt sie noch frühmorgens und am Abend vor dem Schlafengehen als Schmuseeinheit.

Ein anderes Thema auf dem Informationstag in Köln war die Behandlung der Harnblase durch Elektrostimulation. Doch bei Lydias sogenannter Überlaufblase ist die Elektrostimulation leider erfolglos.

Wir sind um eine Hoffnung ärmer, aber zugleich um ein Stück realistischer Einschätzung reicher. Noch ist Lydia ja im ‚Windelalter'. Wie gut, daß diese Erfahrung jetzt stattgefunden hat.

Und was die so gefürchteten Harnwegsinfekte betrifft, sind wir wunderbar bewahrt worden. Eine gelähmte Blase ist ein idealer Platz für Bakterien. Sehr viele Spina-bifida-Kinder haben Probleme mit den Harnwegsinfektionen. Manchmal bleibt gerade bei Mädchen nur der Weg über einen künstlichen Urinabfluß durch die Bauchdecke.

Deshalb wird auch Lydias Urin alle 2–4 Wochen kontrolliert. Erst mit knapp 18 Monaten hatte sie ihren 1. Infekt, der jedoch schnell vorüber ging. Gerade zur Zeit, mit 21 Monaten, wird sie wegen des 2. Harnwegsinfektes behandelt. – Für ein Spina-bifida-Kind sind so seltene Infekte ein sehr guter Befund.

Ein anderer, immer wieder auftauchender Gesichtspunkt ist die

Situation der Geschwister von Spina-bifida-Kindern. Zwar ist unser Familienleben gerade in den letzten Monaten spürbar geregelter und ‚normaler' geworden, aber Miriam wird ja ständig mit dem Krankheitsbild und dem ‚Anders-sein' ihrer Schwester konfrontiert. Was für sie wohl noch schwerer zu verkraften ist, ist mein ständiger Zeitmangel.

Ich habe schon allerlei versucht, dem beizukommen. So habe ich eine umfangreiche Kartei mit schnellen Rezepten angelegt. Auch eine Spülmaschine hilft mir, die Zeit, die ich in der Küche zubringe, zu verkürzen. Und je größer Miriam wird, umso interessanter ist es für sie, gemeinsam mit mir in der Küche zu wirken.

Um auch mal mit Miriam alleine etwas zu unternehmen, bin ich in den Sommermonaten mit ihr schon mal abends schwimmen gegangen, während Herbert auf Lydia achtgab, aber das scheiterte bald an äußeren Umständen, wie meiner oder Miriams Müdigkeit oder Herberts längerem Arbeiten.

Dies ist ein Punkt, an dem ich mir noch sehr viel Verständnis und Weisheit schenken lassen muß. Ich kann nur hoffen und beten, daß Miriam gestärkt und gereift aus dieser Geschwisterkonstellation ins Leben hinaustritt und keine schwerwiegenden Schäden für Seele und Charakter davonträgt.

Bei diesen Gedanken tröstet mich eines: *Wir* haben uns und ihr diese Situation nicht ausgesucht, und der, der uns unsere Kinder so, wie sie sind, gegeben hat, hatte Gutes für sie und uns dabei im Sinn.

Wir leben nun schon fast ein 3/4 Jahr, ohne daß sich aus Lydias Behinderung besondere Komplikationen ergeben haben. Lydias letztes Ventil funktioniert jetzt 17 Monate lang ausgezeichnet! Natürlich wissen wir, daß sich dies täglich ändern kann, aber dieses Wissen um die Bedrohung äußert sich nicht mehr in Angst. Wir haben gelernt, fröhlich und gelassen damit zu leben.

So ist es auch heute, an einem Montag, wo ich, wie jede Woche, Lydias Ventilpumpe durch leichtes Eindrücken kontrollieren will. Die Messung des Kopfumfangs hat gerade einen guten Wert ergeben: 45,5 cm. Der Kopf wächst seit 8 Monaten schön gleichmäßig im unteren Bereich der Norm. Nun fühlen meine Finger nach dem Pümpchen, das ja hinter dem rechten Ohr unter der Kopfhaut liegt – inzwischen sind die weichen rot-blonden Haare lang darüber gewachsen, so daß auch die große halbrunde, etwa 12 cm lange Narbe nur noch zu ahnen ist.

Was ist das? . . . Ich kann den kleinen Knubbel nicht fühlen? Statt dessen ist dort, wo die Pumpe sonst hart zu tasten ist, eine dicke wabbelige Masse! Etwa 4x so groß wie die Pumpe! Was mag das sein? Was ist geschehen? Lydia wird mein Tasten unangenehm, sie wehrt mich ab und dreht ihren Kopf weg. Ansonsten ist sie völlig unauffällig, sehr munter und sogar ausgesprochen fröhlich und interessiert.

Mir sind die Knie etwas weich geworden, ich versuche, mich zu konzentrieren und zu überlegen. Das Material der Pumpe kann nicht so aufgeweicht sein, also muß irgendwo ein Leck sein, aus dem Liquor nach außen, in das Unterhautgewebe dringt – etwas anderes als Liquor kann sich dort eigentlich nicht angesammelt haben. Also ein Liquorpolster. Aber wieso? Ich versuche nochmal, die Gegend abzutasten, aber ich kann keine Anhaltspunkte finden. Irgendwie sieht etwas dort anders aus. Aber was?

Ich ziehe Lydia erst mal wieder an – eigentlich sollte sie jetzt Vojtaturnen –, und sie quittiert die unerwartete Aufhebung der Übungen mit strahlendem Gesicht und fröhlichem Geplapper.

Und als ich anschließend mit Kinderarzt und Klinik telefoniere, schaut sie gespannt zu. Da der Neurochirurg gerade operiert, versuche ich einer Assistentin zu erklären, worum es geht, dabei schaue ich auf Lydias rechte Kopfhälfte – und da schlägt das Erkennen wie ein Blitz ein: der untere Katheter! Ein Abtasten hinter Lydias Ohr bestätigt meine Befürchtung: Der ableitende Katheter ist weg – einfach weg! Der kann sich doch nicht einfach aufgelöst haben! Doch es ist nichts mehr von ihm zu sehen oder zu fühlen. Sonst konnten wir seinen Verlauf bis kurz unterhalb des Nabels verfolgen. Und nun: nichts – rein gar nichts!

Schlagartig sind mir die Folgen klar: Lydia muß wieder operiert werden, ein neuer Katheter angeschlossen werden – Krankenhausaufenthalt! Oh, nein! Gerade vorhin war noch alles so normal!

Der Katheter hat sich am Verbindungsstück zur Pumpe, das ich jetzt auch, etwas nach hinten verlagert, tasten kann, gelöst – das soll ab und zu vorkommen – aber wieso ist er spurlos verschwunden? Ist er in den Bauchraum gerutscht? Dann muß er ja unter einer enormen Spannung gestanden haben! Er kann sich frühestens heute Nacht gelöst haben, über Tag hätte ich das Liquorkissen sicher bemerkt.

Bis wir in der Klinik ankommen, vergeht noch eine gute Stunde. Vorher hole ich noch Miriam aus dem Kindergarten, bringe sie zu ihrer Patentante, fahre nach Mettmann, um vom Kinderarzt eine

Überweisung abzuholen, und verfahre mich in der Tücke einer großen Kreuzung. Na ja, ich bin auch schon mal konzentrierter Auto gefahren.

Unser Doktor operiert noch, ein anderer Oberarzt schaut Lydia an und bestätigt meine Vermutungen. Er legt den Operationstermin auf übermorgen fest. In der Zwischenzeit ist das Liquorpolster mal mehr, mal weniger stark ausgeprägt. Wahrscheinlich wird die Flüssigkeit vom Gewebe aufgenommen und abgeleitet. Da es Lydia allem Anschein nach gut geht und gefährliche Komplikationen nicht zu erwarten sind, dürfen wir erstmal wieder nach Hause fahren.

Nun können wir uns doch noch in Ruhe auf die neue Situation einstellen. Der Nachmittag vergeht mit dem Packen der Kliniktasche, Besprechungen für den Ablauf der nächsten Tage, insbesondere um Miriams Verbleib, dem Absagen der anliegenden Termine und dem Informieren von Verwandten und Freunden.

Lydia findet alles sehr aufregend und interessant. Miriam dagegen ist sehr verständnisvoll und will alles genau erklärt haben.

Am nächsten Morgen ruft der Arzt aus der Klinik bereits sehr früh an und erkundigt sich persönlich nach Lydias Befinden. Ihm ist vor allem wichtig, zu erforschen, wo der Katheter abgeblieben ist, denn schon das normalerweise im Bauchraum liegenden Katheterende ist eine gewisse Gefährdung. Es sind gelegentlich schon Darmverletzungen beobachtet worden. Ein frei beweglicher Katheter mit 2 Endpunkten zwischen den Därmen ist eine noch größere Bedrohung. Also bestellt der Arzt uns sofort zu sich, um Röntgenaufnahmen anzufertigen. Anschließend soll Lydia dann in der Kinderklinik aufgenommen werden, damit vor der OP morgen noch die nötigen Vorbereitungen getroffen werden können.

Etwa 2 1/2 Stunden später stehen wir vor dem Lichtschirm und betrachten die Röntgenbilder. Der Katheter hat sich tatsächlich ganz in den Bauchraum zurückgezogen. „Das habe ich bisher erst einmal erlebt," staunt der Neurochirurg. Also, unsere Tochter ist wirklich für seltene Ereignisse gut!

Ein anderer Arzt wird dazugeholt. Ihm fällt die Aufgabe zu, den Schlauch morgen aus dem Bauch herauszuholen, während der Neurochirurg von oben her einen neuen Katheter legen wird.

Nun fahren wir zur Kinderklinik, die in einem anderen Teil der Stadt liegt. Dort ist schon alles für uns vorbereitet, da unser Arzt uns bereits angemeldet und alles für den nächsten Tag besprochen hat.

Mit Aufnahmeformalitäten, diversen Untersuchungen und Informationsgesprächen vergeht der größte Teil des Nachmittags sehr schnell. Lydia ist noch immer voller Begeisterung dabei – nur die Blutentnahme aus dem Finger für das Blutbild dämpft ihre gute Laune für eine Weile. Doch als wir die Zeit bis zum Abendbrot zu einem Spaziergang im Krankenhausgelände nutzen und dabei ein dickes Eis schlecken, ist der ‚Pitsch' schon fast vergessen.
Es ist ein richtig schöner, warmer Tag – wir haben Ende August –, und vor mir im Buggy sitzt unsere kleine Tochter, zwar etwas müde von den Anstrengungen dieses Tages, aber fröhlich und zufrieden. Wie wird es morgen sein?
Wie wird sie die OP überstehen? Ich habe Angst – panische Angst. Alle möglichen OP-Zwischenfälle bereichern meine ohnehin erregten Gedanken. Warum bin ich nicht ruhiger, vertrauender? – Vertrauender? Nein, ich glaube, das ist es nicht. Ich weiß, daß das, was geschieht, erst an Gott vorbei muß, bevor es uns trifft. Auch diese neue Ventilkrise – auch das, was morgen geschehen wird. Ich weiß nicht, wozu dies gut ist. Aber ich weiß, daß Gottes Wille gut *ist*. Und doch habe ich Angst, wahnsinnige Angst. Dieses Kind ist mir so sehr ans Herz gewachsen. Wird es überleben, wird es nach der OP noch so sein wie jetzt, so fröhlich und interessiert?
Dann, als wir den Weg zurück zur Kinderklinik gehen, erkenne ich in der Dunkelheit der Gefühle zweierlei: Ich *will*, daß Gott seinen Plan mit uns zur Erfüllung bringt. Wie dieser Plan auch aussehen mag, ich weiß, daß er nur das Beste für uns im Sinn hat. Und ich habe Angst, Angst vor dem Schmerz, den dieser Plan uns bringen kann.

„Die Gott vertrauen,
erfahren, daß er die Treue hält!"

Ich stehe im Vorraum der Operationssäle und denke immer wieder an diesen Vers, der in der Eingangshalle des Krankenhauses hängt. Diese Klinik, in der Lydia immer operiert wird, ist vom Geist einer gläubigen Schwesternschaft geprägt. Wie selten ist das heute geworden! Die Sprüche und Bilder an den Wänden, die überall ausliegende christliche Literatur, die ruhige Zuversicht auf den Gesichtern mir begegnender Schwestern – das alles ist eine mir vertraute Welt und schenkt mir Geborgenheit.
In meiner Bibellese für heute steht: „Wir wissen aber, daß denen, die Gott lieben, alle Dinge zum Guten mitwirken!" (Römer 8,28).

In einer anderen Übersetzung heißt es sogar: „zum Besten dienen".
Solch eine Verheißung!
Und nun stehe ich hier seit fast 2 Stunden und warte darauf, daß Lydias OP beendet ist. Ab und zu kommt jemand vom Narkose-Team und berichtet kurz, wie es steht. Es ist sehr lieb von dem OP-Personal, daß ich hier warten darf und so bald informiert werde. Auch der heiße Tee ist eine Wohltat.
Gerade geht wieder die Tür auf. Der Chirurg, der für die OP am Bauch zuständig ist, tritt heraus. Der alte Katheter war, wie vermutet, im Bauch festgewachsen, nun ist er entfernt, und mit ihm die starke Verwachsungen, die Lydia, wenn sie im Unterleib Schmerzen hätte fühlen können, sicher arge Beschwerden bereitet hätten. Zur Zeit wird gerade der neue Katheter gelegt.
Bald darauf erfüllt die große Gestalt des Neurochirurgen das kleine Schwesternzimmer. Die OP ist beendet, alles gut verlaufen. Während die Anästhesisten noch die Narkose beenden, kann ich mich erleichtert und froh an den Fachsimpeleien der Ärzte und Pfleger beim Imbiß beteiligen.
Plötzlich ist alles so natürlich und selbstverständlich. Trotzdem, die Minuten, bis Lydias Trage in den Vorraum geschoben wird, erscheinen mir wie Stunden.
Endlich, endlich ist es so weit: Ich stehe neben ihr, und aus dem blassen Gesichtchen schauen mich zwei dunkle Äuglein erkennend an — ,ah, das ist ja die Mama, dann ist ja alles gut!' — Schnell steckt sie ihr Däumchen in den Mund und beobachtet ihre Umwelt. Es ist fast, als wäre gar nichts Besonderes geschehen!
Auf der Rückfahrt zur Kinderklinik gibt es sogar noch einen sehr lustigen Zwischenfall. Bereits auf dem Hinweg hatte Lydia das Innenleben des Krankenwagens genau studiert und auf vieles gezeigt. Nun schaut sie ruhig an die Decke. Plötzlich hört sie auf zu nuckeln, nimmt ihren Daumen aus dem Mund und blickt mit weit aufgerissenen Augen auf einen bestimmten Punkt über ihr. Erstaunt folge ich ihrem Blick — und sehe, wie sich langsam der Plastikschirm einer Lampe löst, nur eine Haltestange hindert ihn im Moment noch daran herunterzufallen, wahrscheinlich auf Lydias Gesichtchen. Schnell sage ich dem stehenden Pfleger Bescheid, der die Scheibe gerade noch abfangen kann. Lydia nickt beruhigt und wendet sich wieder ihrem Daumen zu! Wir sind alle überrascht von soviel Reaktionsbereitschaft so kurz nach der Operation.
Während des Nachmittags ist Lydia sehr lieb. Sie liegt still in ihrem

Bettchen, den freien Daumen immer im Mund. Ihre Augen wandern durchs Zimmer, bleiben mal an der Infusion, mal an mir hängen. Ab und zu dreht sie sich halb zu mir herum und zeigt mit ihrem Finger auf meine Brust: „Mama, da – ham!" krächzt sie, noch heiser von der Intubationsnarkose. Aber da muß ich sie auf den Abend vertrösten, vorher darf sie noch nichts trinken.
Mit der Zeit findet sie Gefallen an ihrer seltsamen Stimme und erprobt die verschiedensten Töne – zugleich ein wenig erschrocken über deren Fremdartigkeit. Als sie entdeckt, daß das Schnalzen mit der Zunge nicht beeinträchtigt ist, strahlt sie mich glücklich an.
Nur einmal zeigt sie sich erschrocken und verängstigt: sie will sich über die weichen Haare streicheln, was ihr immer einen besonderen Spaß bereitet hat – und nun gibt es auf der rechten Kopfseite nur rauhe Stoppeln und ein Pflaster! Selbst als ich ihre Hand nach links führe und sie dort die seidigen Härchen spürt, ist sie nur wenig beruhigt. Immer wieder tasten ihre Finger nach der großen kahlen Stelle, und ihre Augen schauen mich fragend an. Nun, das ist sicher nicht erfreulich, aber sie wird sich für die nächste Zeit damit abfinden müssen, und wir ebenso.
Als dann am Abend die Infusion entfernt wird, wendet sie sich ausgehungert der Brustmahlzeit zu. Dort hat sich viel angesammelt, die letzte Stillzeit liegt ja über 24 Stunden zurück. Ein wenig Bedenken habe ich ja, ob sie diese Menge verträgt, aber ich bringe es auch nicht über's Herz, sie von der noch halb vollen Brust abzunehmen. Sogar als ihr heißgeliebter Papa ins Zimmer kommt, hat sie nicht mehr als eine abwehrende Handbewegung übrig. Das Stillen des Durstes, verbunden mit vielen Schmuseeinheiten, geht vor. Erst als sie dies ausgiebig genossen hat, schaut sie nach dem Papa aus, um ihm ihren „Aua-aam" mit dem dicken Pflaster zu zeigen.
Nachher kann ich ein ruhiges, zufriedenes Kind ins Bettchen legen. Sie darf sogar auf dem Bauch schlafen, in ihrer gewohnten Schlafstellung. Eigentlich hatte ich mich darauf eingestellt, die Nacht über bei ihr zu bleiben, aber da sie nun so friedlich und ausgeglichen ist, beschließe ich, doch nach Hause zu fahren.
Als ich am nächsten Morgen gegen 6.30 Uhr wieder auf der Station erscheine, schläft Lydia noch immer. Es hat in der Nacht keine Probleme gegeben. Kurz nach dem Aufwachen sprudelt Lydia schon vor Übermut! Außer den 4 Pflasterverbänden an Kopf, Hals, Brust und Bauch, die dem Katheterverlauf folgen, weist nichts darauf hin, daß dieses Kind erst am Vortag operiert wurde.

Wir fühlen uns auch wohl auf dieser Station. Ärzte und Schwestern sind sehr nett und verständnisvoll, das zeigt sich gerade in Kleinigkeiten, wie einem Glas frisch ausgepreßtem Apfelsinensaft für mich kurz nach der OP gestern – sorgsam vor Lydias Blicken geschützt, mitten im Krankenhausbetrieb. Ich kann mich mit Lydia frei auf der Station und im Haus bewegen. Schwestern und Ärzte, die sie von ihren früheren Aufenthalten hier noch kennen, kommen und erkundigen sich nach ihr. Und alle staunen, wie gut es ihr geht.

Der Arzt, der sie operiert hat, hatte bereits am Dienstag gesagt: „Wenn es ihr gut geht, können Sie sie einen Tag nach der OP mit nach Hause nehmen." Zuerst konnte ich das kaum glauben, normalerweise rechnet man mit 8–10 Tagen Klinikaufenthalt bei solch einer OP. Aber weil es ihr heute *so* gut geht, bin ich fest entschlossen, dieses Angebot in die Tat umzusetzen.

So machen wir uns am späten Nachmittag auf den Heimweg. Vor der Tür des Klinikaufzugs flüstert Lydia ganz ergriffen: „Papa – Mimi!" Sie weiß genau, wo es hingeht.

Auch zu Hause verläuft alles völlig unproblematisch. Wir sind alle vier glücklich über das Wiederbeisammensein. Lydia bewegt sich munter durch die Wohnung, in keiner Weise durch die gut heilenden Narben in ihrer Freiheit eingeschränkt. Miriam, die in den vergangenen Tagen alles genau verfolgt und fachmännisch kommentiert hatte, holt nun ihren Bedarf an Zuwendung nach.

Nach einer Woche fahren wir wieder nach Wuppertal zum ambulanten Fädenziehen. Miriam nimmt das wohl mehr mit als Lydia, die ihren Protest zwar kundtut, aber anschließend wieder zufrieden und interessiert ihre neuen Pflaster begutachtet.

Diese Wochen nach der Operation halten ein ganz besonderes Geschenk für uns bereit: Wegen des etwas größeren Eingriffes in den Bauchraum darf Lydia vorerst keine Krankengymnastik machen! Natürlich weiß ich, daß dies Rückschläge mit sich bringen wird, aber an die vermehrte Arbeit danach will ich jetzt noch nicht denken.

Wir genießen diese Zeit in vollen Bewußtsein ihrer Einmaligkeit. Seit fast 2 Jahren wird unser Tagesablauf zum ersten Mal nicht von Krankengymnastik oder Fahrten zur Klinik geregelt! Ich fühle mich wunderbar frei und erleichtert – und stürze mich mit Freuden auf etwas, zu dem mir sonst Zeit und Kraft fehlen: Hausputz in der ganzen Wohnung! Eine Freundin schüttelt den Kopf „Oh, Koni, auf die Idee kannst ja auch nur du kommen!" Aber es macht mir wirklich

Spaß! Wann sonst habe ich die Gelegenheit, die Fenster ohne Blick auf die Uhr in Angriff zu nehmen. Oder woher soll ich sonst die Kraft nehmen, den geheimen Staubbecken zu Leibe zu rücken? Miriam genießt derweil das schöne Spätsommerwetter auf dem Spielplatz, genau kontrollierend, welches Fenster ich wann bearbeite, und Lydia, die wegen der Wunde noch nicht in den Sand darf, vergnügt sich mit Staub- und Wischtüchern. Ich glaube, nur mein Mann versteht, was es mir bedeutet, einmal „nur" Hausfrau und nicht in erster Linie Therapeutin unserer Jüngsten zu sein.

Inzwischen haben Herbert und ich beschlossen, zur Erholung von all den Aufregungen, einen Kurzurlaub einzuschieben. Eine Woche lang werden wir von unseren Stützpunkt zu Hause aus Fahrten in die Umgebung unternehmen und Zeit für unsere Kinder und unsere Hobbys haben. Es wird dann auch für uns alle sehr schön: Herbert kann Straßenbahnen fotografieren, Museums- und Modelleisenbahnen bewundern, worin wir drei weiblichen Familienmitglieder ihm nicht nachstehen. Miriam und Lydia erforschen verschiedene Spielplätze mit bisher unbekannten Spielgeräten, ich durchforsche zwei ganz besondere Aquariengeschäfte in einer entfernten Stadt, und ein Zoobesuch mit Walen und Delphinen rundet unsere Erlebnispalette ab.

Als am Montag darauf dann wieder der Startschuß zur Krankengymnastik fällt, bin ich darauf gefaßt, ein schreiendes, sich stark wehrendes Kind zu erleben. Aber was ist das? Lydia quietscht vor Vergnügen, als sie merkt, was kommt. Sie streckt mir sichtlich begeistert ihre Arme zur ersten Bobath-Übung entgegen! Auch die weiteren ‚Bobaths' macht sie eifrig mit! Als es dann zur ersten ‚Vojta' übergeht, gibt sie zwar zu verstehen, daß hier der Spaß aufhört, aber von dem erwarteten, heftigen Protest kann nicht die Rede sein!

Und die Ausführung der Übungen! Einfach toll! Nirgends sind Rückschritte erkennbar. Im Gegenteil, manche Bewegungen sind kraftvoller und werden mit größerer Leichtigkeit absolviert! Selbst das Hinsetzen, das sie ja erst wenige Tage vor dem Krankenhausaufenthalt gelernt und während der letzten 3 Wochen nicht geübt hatte, klappt jetzt auf Anhieb und wird nun wieder häufig von ihr durchgeführt! Kein Rückstand, ja, sogar noch Fortschritte – und das nach 3 Wochen ohne Krankengymnastik!

Das verschlägt mir glatt die Sprache. Ich bin voller Glück und Dankbarkeit. Wie gut haben wir es doch!

Auch im Spielen wird Lydia immer munterer und phantasiereicher. Das Telefonieren – Drehen der Wählscheibe und ausführliche Monologe, meist mit ihrem Papa, ist zur Zeit der große Hit. Und Lydias Sprachschatz ist um eine lustige Variante reicher: „Baby Mimi" klingt selbst in Miriams Ohren zärtlich.

Heute ist der 22. September 1981 – mein 27. Geburtstag. Ich sitze im Sessel und staune: Gerade hat Lydia mir *ihr* Geburtstagsgeschenk gemacht. Sie hat sich aus der Bauchlage zum allerersten Mal allein in den Vierfüßlerstand begeben!
Ich kann es noch gar nicht fassen, aber sie zeigt es mir strahlend immer wieder: ein Senken des Kopfes auf den Boden, ein leichtes Zurückschieben des Körpers durch die Arme, ein Spannen der Oberschenkel, weiteres Schieben mittels Kopf und Händen, schließlich ist der Schwerpunkt des Po's über den aufrechten Oberschenkeln auf den Knien, die Unterschenkel liegen mit leicht geöffneten Knien parallel nebeneinander. Ein Überprüfen der Armstellung, dann hebt sich der Kopf, und ein strahlendes Gesichtchen schaut triumphierend und beifallheischend in die Runde!
Na so etwas! Damit habe ich noch lange nicht gerechnet! Unser kleines Mädchen hat den Vierfüßlerstand entdeckt!
Ich weiß noch, wie erschrocken ich war, als die Krankengymnastin Ende April, als Lydia gerade eifrig robben konnte, zu mir sagte: „So, das Robb-Alter ist nun vorbei, jetzt ist der Vierfüßlerstand an der Reihe!" Da hatten wir uns gerade ein Ziel mühevoll erarbeitet, und schon wurde ein neues gesteckt. Ausruhen auf dem Erreichten gab es nicht. Und wie ängstigte Lydia sich zuerst vor dieser neuen Körperhöhe, zumal sie ja noch kein sicheres Gefühl für die Balance hatte. Mit dem Hochlegen von Spielzeug versuchten wir, ihr die ‚höheren Gefilde' schmackhaft zu machen. Aber sie ist ja gewitzt. In Bauchlage mit lang vorgestrecktem Arm erreichte sie viel bequemer die Spielteile in der ‚Hunde-Höhe'. Und heute nun zeigt sie mir strahlend, daß sie eine weitere Stufe der Aufrichtung beherrscht!

> *Erkennt doch,*
> *daß der Herr seine Heiligen wunderbar führt.*   Psalm 4,4

Zwei Monate später, der 22. November '81: Heute hat Lydia Geburtstag, sie wird 2 Jahre alt!

Da sitzt sie vor mir und schaut keck über die Brille hinweg, die seit kurzem auf ihrer Stupsnase sitzt, oder vielleicht sollte ich besser sagen: rutscht?

Wie reich hat Gott uns durch dieses kleine Mädchen gemacht! All das Schwere ist heute so weit weg. Es bleiben das Glück und die Dankbarkeit, dieses Kind behalten zu dürfen. Sein Leben teilen zu können, zu erleben, wie es zu einem fröhlichen Menschen heranwächst und lernt, *mit* seinen Behinderungen ein ausgefülltes und sinnvolles Leben zu führen.

Wenn ich zurückblicke auf die ersten Monate von Lydias Leben und die geringen Chancen, die die Ärzte ihr einräumten, und dann sehe, was sie heute bereits erreicht hat, so kann ich froh und getrost in die Zukunft schauen.

Ich habe erfahren, daß es möglich ist, mit einer so schweren Behinderung zu leben und trotz allem glücklich zu sein. Und ich weiß, daß gerade in solch einem Leid ein ganz besonderer Segen ruht.

Dieses Erleben hat mich verändert, geformt, mich die Abhängigkeit von Gott deutlicher spüren lassen und mich dadurch näher zu Gott gebracht. Ich bin durch den empfundenen Schmerz verletzbarer geworden – und dadurch empfänglicher, offener für manche Regung des Lebens um mich her. Mein Leben ist reicher und tiefer geworden.

Ich weiß nicht, was Gott in der Zukunft noch für uns bereithält – möglicherweise auch noch mehr Leid. Aber durch Lydia haben sich unsere Maßstäbe gewandelt. Manche schwere Last bekommt Rollen, und in vielen kleinen, unscheinbaren Dingen entdecken wir verwundert ungeahnte Größe. In allem weiß ich uns geborgen in Gottes Liebe.

Diese Erfahrung wünsche ich auch meiner kleinen Tochter: daß Gott sie liebt und wirklich in allem, auch und gerade in ihrer besonderen Situation, nur das Beste für sie will.